베이비시터
걱정은
그만

깐깐하고 똑똑하게 베이비시터 고르는 방법

베이비시터 걱정은 그만

초판 1쇄 인쇄 2021년 7월 2일
초판 1쇄 발행 2021년 7월 8일

지은이 민정숙

발행인 백유미 조영석

발행처 (주)라온아시아
주소 서울특별시 서초구 효령로 34길 4, 프린스효령빌딩 5F

등록 2016년 7월 5일 제 2016-000141호
전화 070-7600-8230 **팩스** 070-4754-2473

값 14,000원
ISBN 979-11-91283-60-0 (13370)

※ 라온북은 (주)라온아시아의 퍼스널 브랜드입니다.

라온북은 독자 여러분의 소중한 원고를 기다리고 있습니다. (raonbook@raonasia.co.kr)

워킹맘, 걱정은 덜고 안심은 더하다!

베이비시터를 찾기 전에 꼭 읽어야 할 필독서

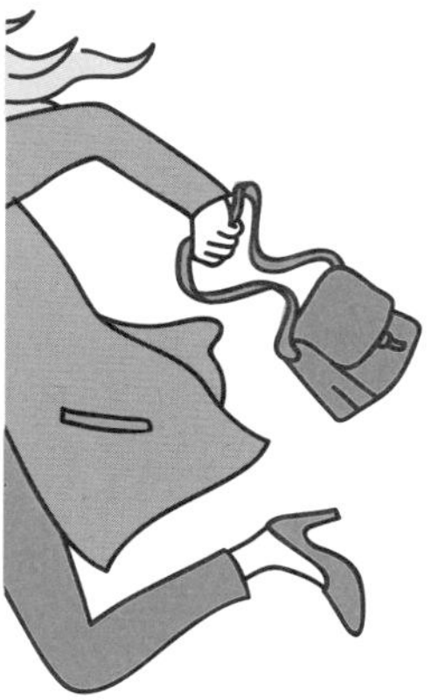

베이비시터 걱정은 그만

깐깐하고
똑똑하게
베이비시터
고르는 방법

민정숙 지음

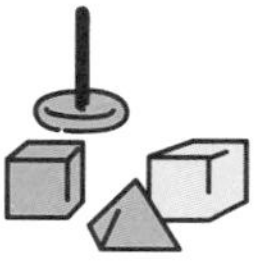

RAON BOOK

내 아기를 춤추게 하는 베이비시터를 찾아라

"내 아기를 춤추게 하는 베이비시터!"

더 이상 무슨 말이 필요할까. 이 문장 하나로 충분하다. 내 아기를 온몸으로 춤추게 하는 베이비시터를 찾아라. 육아 정보를 담은 책은 멀미를 할 만큼 서점에서 홍수를 이룬다. 서점에 나와 있는 책대로 육아를 하면 아마도 세상의 모든 엄마가 육아에 대한 박사 학위를 받아도 될 것이다. 그만큼 육아에 대한 눈높이도 높아졌다는 얘기다.

그러나 아무리 많은 육아 정보를 접하고 노력해도 근본적으로 가장 어려운 일은 베이비시터를 찾는 일이다. 오죽 어려우면 3대가 덕을 쌓아야 오복 중의 하나인 베이비시터복을 준다고 했을까? 베이비시터 채용을 앞두고 고민하는 문제를 쉽게 해결할 수 있다면 아마도 당신은 힘들게 애써 이 책을 뽑아들지도 않았을 것이다. 그만큼 당신의 절실한 마음이 읽힌다.

한번 눈을 감고 상상해보라. 어느 가정 집의 현관문이 열리면서 한 여성이 들어선다. 그 순간 "꺄악! 까르르!" 소리와 함께 춤추는 아기가 보인다! 아기가 두 팔을 벌려 보행기에서 뛰며 여성을 온몸으로 반기고 있다. 눈앞에 반가워하는 아기의 모습이 그려지면서 입가에 행복한 미소가 번질 것이다.

예로부터 아기는 모든 표현을 온몸과 표정으로 한다고 하지 않았던가. 만약 그 상상 속 아기가 당신의 아기이고, 당신은 엄마이며, 아기를 웃게 해준 그 여성이 당신 아기의 베이비시터라면 당신의 마음은 어떨 것 같은가? 이것이 바로 엄마들이 간절히 원하던 베이비시터의 모습이 아닐까.

나는 아직도 베이비시터로 일할 때 날 보며 '폴짝폴짝' 뛰면서 반기는 아기 모습이 눈에 선해 잊지를 못한다. 얼마나 컸을까. 지금쯤은 옆으로 한 발 한 발, 소파를 잡고 걷겠지? 이유식은 무얼 먹고 있을까. 아기도, 아기 엄마도 잘 있는지 많이 궁금하고 보고 싶다.

베이비시터 일을 하는 동안 아기들한테 엄청난 행복과 기쁨을 선물 받았다고 말하고 싶다. 손주바라기로 인해 시터 일을 시작했지만 나의 예상과 많이 달랐다. 베이비시터를 고용하는 엄마의 입장과 베이비시터 입장의 괴리감도 상당했다. 베이비시터에 대한 잘못된 이해와 인식으로 인해서 베이비시터 채용에 어려움과 곤란을 겪는 엄마들이 많다. 결국 엄마와 함께 가장 힘든 것은 안타깝게도 사랑스러운 아기들이다.

더군다나 복직을 앞둔 워킹맘과 개인 사정에 따라 베이비시터 채용을 앞둔 엄마들은 하루가 멀게 쏟아지는 어린이집 학대 사건과 온 국민의 공분을 산 '○○○ 사건' 등 안 좋은 뉴스를 접하면서 고민과 불안감으로 속이 까맣게 타들어가며 갈등할 것이다.

아직 우리나라는 정부가 나서서 근본적인 대책을 마련하지 못하고 있으며 사회적인 이슈가 되는 시점에만 잠시 관심을 가질 뿐 본질적인 해결 방법이 없는 실정이다.

또 육아맘의 고충과 심정을 이용한 거짓 정보와 잘못된 정보까지도 온라인에서 활개를 치고 있다. 파워블로그를 만들기 위한 꼼수들일까. 몇몇 육아맘들은 단편적이고 주관적인 사견을 제시하며 마치 베이비시터 채용의 모든 기준인 양 떠들어대고 있다. 그리고 엄마들이 극히 개인적인 결론을 그대로 받아들이며 고맙다고 인사까지 하는 현실을 보면 매우 안타까운 마음이다.

사실 체계화되지 않은 시스템 속에서 육아를 해야 하는 육아맘이기에 이해는 하지만 내 아기의 미래를 위해 후회하지 않으려면 최대한의 준비를 하는 것이 엄마로서의 기본자세라고 생각한다.

결국은 엄마이기에, 엄마일 수밖에 없기에, 엄마로서 팔을 걷어붙이며 나서야 한다. 어떻게 하면 내 아기를 안심하고 맡길 수 있는 베이비시터를 찾을 수 있을까? 당신은 어떤 베이비시터를 원하는가!

'시행착오'. 베이비시터 채용에 시행착오가 용납이 되는가! 적어도 엄마로서 사랑하는 아기를 생각한다면 시행착오라는 용어 자체를 입 밖에 내지 않아야 한다. 100퍼센트라는 건 없지만 착오를

Zero화하는 게 엄마의 몫이다.

당신은 이 땅의 위대한 엄마다. 자, 철저한 준비는 분명 '내 아기를 춤추게'할 것이다. 엄마와 아기 그리고 베이비시터까지 함께 손잡고 노래에 맞춰 춤추고 싶지 않은가!

이 책은 워킹맘이 고민하는 베이비시터 채용 전 체크해야 할 정보와 어떻게 검증해야 하는지, 채용 후 베이비시터와 한가족처럼 코드를 맞춰가는 방법 등을 담았다. 이 책을 바탕으로 베이비시터를 채용한다면 반드시 육아에 성공하는 워킹맘이 될 것이다.

길은 끝나는 곳에서 다시 시작된다. 천천히 치밀하게 준비하는 똑똑한 엄마가 되자. 힘든 상황에서도 당차게 성공에 대비하는 워킹맘에게 또는 다른 이유로 훌륭한 베이비시터를 찾는 엄마에게 이 책이 성공 육아의 마중물이 되어 행복한 샘물이 넘치길 간절히 바란다.

민정숙

차례

프롤로그 내 아기를 춤추게 하는 베이비시터를 찾아라 • 4

1장

초보라고? 멘탈 갑 엄마가 되자

복직과 육아 사이에서 갈등하는 엄마의 마음 • 15
불안감은 어디에서 오는 걸까? • 19
양보할 수 없는 나만의 선택 기준을 세워라 • 24
철저히 준비된 엄마가 베이비시터 채용에 성공한다 • 29
'할머니 찬스'인가 '남의 손'인가 결정되면 행동에 나서라 • 34

2장

고민 뚝! 깐깐하고 똑똑해져라

검증을 위한 최대한의 정보수집은 필수다 • 41
베이비시터 구인 방법 및 경로에 따른 장단점 • 45
베이비시터 보수 얼마가 적당할까? • 50
베이비시터 구인 글 어떻게 쓸까? • 57
교육 과정과 자격증 종류에 대해서 • 60
건강과 안전의 중요성을 꼭 기억하자 • 65
하늘의 별 따기 같은 어린이집, 영아원 입소 • 70

3장

내 아기에게 꼭 맞는 베이비시터 찾기

착각하면 안 된다 가사 시터가 아니다 • 79
첫 인연의 끈을 잘 설정해야 한다 • 84
인터뷰는 많이 할수록 유리하다? • 89
경력 많은 베이비시터 내 아기에게도 베테랑일까? • 96
고정관념에서 탈피하라 • 101
내 육아 스타일과 코드가 맞을까? • 106
엄마의 육감과 직감은 모성애로부터 온다 • 112
좋은 인성과 품성 긍정적이며 밝은 성격은 필수 • 117
외국인 또는 교포 베이비시터를 구하게 된다면 • 122
다양한 육아 자격증에 대해 알아두면 좋다 • 127
약속과 시간 관념은 기본이다 • 131
건강과 위생관리를 체크해야 한다 • 136

4장

빌트인 베이비시터 만들기

사전에 정확한 업무지침 만들기 • 143
기다림은 미학이다 • 148
모든 인간관계는 상대적이다 • 153
말하지 않아도 알 수 있다고 착각하지 마라 • 157
가까워질수록 예의를 갖춰라 • 162
베이비시터는 슈퍼우먼이 아니다 • 167
베이비시터는 왕이다? • 172
작은 배려가 10배로 되돌아온다 • 177
감시보다 신뢰가 중요하다 • 181
메모, 비상연락망, 소아과 병원 등 미리 알아두기 • 185
인격과 의견은 분리해 생각하라 • 190
인연이 아니면 빠르게 결정하라 • 195
육아 일기는 자녀의 재산목록이다 • 201

5장

내 아기를 부탁해요

베이비시터는 제2의 엄마다 • 209
교집합의 최댓값 올리기 • 213
주말엔 애착육아로 안정애착 형성하기 • 218
워킹맘도 쑥쑥 내 아기도 쑥쑥 • 222
아기를 춤추게 하는 베이비시터 • 227

부록 베이비시터, 이런 마인드면 성공한다 • 235

1장

초보라고? 멘탈 갑 엄마가 되자

복직과 육아 사이에서 갈등하는 엄마의 마음

경력 단절 여성의 현황

2019년 여성가족부가 실시한 경력 단절 여성 실태조사에 따르면 3명 중 1명은 경력 단절 경험이 있고, 재취업하기까지 평균 7.8년, 월급은 27만 원이 줄어든 것으로 나타났다. 경력 단절 여성의 경제활동 조사에서는 육아 휴직 제도를 사용해도 직장 복귀까지 이어지는 경우가 절반에 미치지 못하는 걸로 드러났다. 출산 전후 휴가를 사용한 여성은 37.5퍼센트, 육아 휴직은 35.7퍼센트로 2016년에 비해 14.4퍼센트, 20.4퍼센트 증가했다.

그러나 직장 복귀율은 43.2퍼센트에 그쳤다. 즉, 육아 휴직 제도가 경력 단절을 막을 수 있는 절대적인 제도로 작용하기 어렵다는 걸 보여준다고 설명했다(〈한겨레신문〉, 2020. 2. 12).

2020년 7월 통계청 자료를 살펴보면, 취업 여성의 경력 유지를 위해 정부에 바라는 정책은 유연근무제 도입과 확대, 믿고 맡길 수 있는 보육시설 확충이라고 한다. 또 25세에서 39세 여성을 대상으로 조사한 경력 단절 당시에 일자리를 그만둔 이유 역시 크게 두 가지로 나타났는데, 결혼이 46.6퍼센트, 임신과 출산이 41.5퍼센트로 조사되었다.

심각한 저출산 문제

현실에서 자주 나오는 '취포생(취업포기생)', '경단녀(경력 단절 여성)'는 우리에게 매우 익숙한 용어다. 경력 단절 여성의 대부분이 30대이다. 이러한 여성들의 경력 단절은 고급 인력이 필요한 기업이나 기관 등에 경제적 손실을 초래하는 요인이다.

우리나라의 2020년 출산율이 0.84명으로 추락했다. 또 사망자가 출생아보다 많은 '인구 데드크로스' 현상까지 나타나는 등 심각하다. 이러한 문제점은 저출산이 심각해지는 속도가 통계청 전망보다 빠르다는 사실이다. 즉 저출산에 따른 경제적, 사회적 리스크가 커질 것이라는 지적이다(〈한국경제〉, 2020. 2. 24.).

이렇듯 저출산 문제가 심각한데 이 문제를 해결해주기는커녕 관련 정책과 대책이 너무 부족한 실정이다. 저출산 문제를 여성 개 개인의 책임으로만 돌리는 것은 잘못된 해석이다. 국가가 다양한 일자리 창출과 함께 사회적 제도로 뒷받침해야 출산율이 증가하지 않겠는가. 매년 해가 갈수록 사회적, 국가적 문제로 대두되지만 근본적인 해결책이 나오지 않았는데 다행히 최근 심각한 현실을 인지하고 관련 제도를 개선하고 있다고 하니 워킹맘에게 희망적인 소식이다.

임신과 출산 그리고 재취업

위 내용에서도 알 수 있듯이 여성의 결혼 후 임신과 출산에 따른 육아는 직장을 비롯한 사회 및 경제 활동에 많은 영향을 미치고 있다. 직장 여성을 상대로 자녀 양육 또는 교육 문제가 해결되었을 때 경력 단절 당시 일자리의 지속 여부를 질문한 결과 78퍼센트가 일을 하고 싶어 했다.

블로그나 커뮤니티에 올라온 경력 단절 육아맘들의 하소연을 접하면 마음이 매우 안타깝다. 1~2년 전업주부로 있다보면 출산 후 아기는 자라는데 엄마는 취업제한 나이를 넘어 마음이 점점 조급해지기만 한다. 더구나 스펙이 낮은 엄마라면 고민이 더 크다. 여기저기 구인광고도 보지만 나이 제한에, 아기 걱정에 자신감마저 바닥이라 갑자기 '현타'가 오기도 한다. 또 30대 중반이 넘어가면 마트 캐셔, 식당 서빙 같은 일자리 밖에 없다는 글을 보다 보면 자꾸 작아지는 자신을 느껴 우울증을 앓기도 한다.

커리어와 아기, 둘 다 지켜라

육아하는 엄마는 감동, 환희, 희망, 좌절, 감성과 이성의 갈등 등

무한 반복의 감성을 넘나든다. 특히 첫아이 출산 후 눈치 보며 육아 휴직을 신청했는데, 복직을 앞두고 둘째 아이를 가진 경우에는 회사에 어떻게 이야기해야 할지 몰라 더욱 고민이 깊어진다. 차마 사실을 말하지 못하고 퇴직하는 경우도 있고, 복직해서 몇 개월 근무하다가 재휴직할 수도 있지만 복직은 정말 어려운 문제다. 회사에선 축하한다지만 뒤돌아서면 현실은 싸늘할 뿐이다.

그러나 큰 그림 그려보자. 엄마로서 자존감을 높이려면 어떤 선택을 해야 하는지 자신에게 질문해보자. 회사의 눈치를 보는 건 한 순간이라고 생각하면 된다. 자신의 능력을 믿고 능력만큼 일할 자신과 실력이 있다면 두려울 게 없다. 회사는 당신이 그만두고 나서 다시 일하고 싶을 때까지 기다려주지 않는다.

아기가 걱정이 된다? 방법이 없는 것이 아니잖는가. 찾으면 된다. 당신처럼, 즉 아기 엄마처럼 케어할 수 있는 베이비시터만 있다면 워킹맘으로서 든든한 무기가 되지 않겠는가. 그러니 찾아나서보라. 당신의 커리어와 아기를 지키는 길이 보일 것이다.

불안감은 어디에서 오는 걸까?

불안할수록 철저히 준비하자

아기를 일찍 떼어놓고 복직해야 하는 워킹맘들의 공통된 마음은 죄책감과 함께 밀려오는 불안감이다. 특히 직장 생활을 오래한 엄마들은 자신이 쌓아놓은 커리어 때문에 복직과 함께 꿈꿨던 자아 욕구가 누구보다 강하다. 1년 또는 2년 남짓의 육아 휴직은 일과 성취감이 많은 사람일수록 부담감으로 돌아오면서 갈등으로 이어진다. 돌이 갓 지난 아이를 어린이집에 보내야 할까, 베이비시터를 구해야 할까 결정을 못하고 조언을 찾을 때 돌아오는 답들은 천태만상이다.

제일 먼저 걱정과 우려를 하는 사람은 가장 가까운 조부모다. 그렇다고 그분들이 육아를 책임져주지도 않는다. 자신에게 부모님 찬스가 없다면 어떤 기대도 그리고 불만도 하지 않는 게 현명하다. 주어지지 않은 것에 신경을 쓰면 시간 낭비일 뿐이다. 정신적으로 스트레스를 줄이고 건강해지려면 귀를 막아야 한다. 쓸데없이 에너지를 소모할 필요는 없다. 그런 걱정과 고민을 할 시간이 있다면 그 시간에 다른 방법을 찾는 데에 에너지를 투자하자.

맘카페나 조리원 동기, 또래 맘들의 의견도 너무 분분하다. 심지어는 복직 결정에 대한 악플까지도 등장한다.

"아기가 너무 어려서 어린이집은 안 된다."

"베이비시터를 써라."

"우리 아기는 돌 지나 어린이집에 잘 적응한다."

"우리 아기는 24개월이 다 되어서 어린이집에 보냈는데 분리불안으로 퇴행성 행동이 보인다."

"정부가 지원하는 아이돌보미도 아직 믿음이 안 간다."

그러나 경제적인 이유든 자신의 일에 대한 열정 때문이든 어떤 다른 이유든 간에 현재 주 양육자를 바꿔야 할 상황이라면 망설일 필요 없다. 결정한 대로, 계획한 대로 불안하면 불안할수록 철저하게 준비하면 된다. 정부에서 보내준 아이돌보미도 가끔 관리 감독이 안 되는데 검증되지도 않고 교육과정도 없는 단순 직업소개소에서 소개받은 베이비시터를 무얼 믿고 채용할 수 있겠는가. 하지만 내 인생과 아이의 인생이 달려 있는 만큼 철저하게 스스로 검증해나가며 부딪혀보기 바란다.

베이비시터에 대한 불안감을 덜어내자

지금도 이따금씩 어린이집 보육교사의 아기 학대사건이 뉴스에 나온다. 그럴 때마다 맞벌이 부부인 워킹맘들은 매번 불안감을 느낀다. '지금 내 아기는 안전할까!'

아무리 시터 복이 복불복이라지만 마냥 무기력하게 주어진 대로 현실을 받아들여야 한다는 자세는 엄마로서 보여서는 결코 안 되는 태도와 마인드다. 생각만 해도 끔찍하고 소름 돋는 사건들, 내 아기가 뉴스의 중심이 되지 말라는 법이 어디 있겠는가. 어떻게 해야 워킹맘으로서 이런 불안한 마음에서 자유로울 수 있을까. 어디에서 어떤 방법으로 자신의 아기를 믿고 맡길 수 있는 사람을 찾을 수 있을까. 워킹맘에게는 정말 어려운 솔루션임에 틀림없다.

그러나 두려움이나 불안감이 어디에서 시작되는지를 들여다봐야 한다. 그 두려움을 냉정하게 들여다볼 수 있는 마음의 여유를 가지고 문제점을 해결하려 다가가보라. 혹시 당신을 지배하는 불안감은 온전히 당신 자신의 생각에 스스로 사로잡힌 것뿐이라는 사실을 감지하지 못했는가. 생각은 생각일 뿐이다. 현실이 아니라는 것을 인지해야 한다. 제일 먼저 부정적인 생각에서 벗어나야 한다. 부정적인 생각을 떨쳐버리지 못하면 워킹맘으로서의 현실을 이겨내지 못하고 결국 전업주부의 길을 가야 한다.

전업주부로서 자신의 인생을 설계하고 싶다면 그 또한 쿨하게 오케이해야 한다. 그렇지 않고 워킹맘의 길을 계속 가겠노라고 결정했다면 하루바삐 당신의 결정에 스며 있는 부정적인 요소를 제

거하려는 자세로 전환해야 한다. 모든 부정적인 요소는 당신의 솔루션 이행에 대한 방해전파로 여겨야 한다. 당신의 삶에서 자신의 생각을 충분히 이해하고 목표를 정한 대로 나아가야 한다.

전직 어린이집 교사가 마음 아픈 얘기를 하는 걸 들을 기회가 있었다. 영아가 어린이집에 오는 걸 보면 안쓰럽다고. 참 엄마로서는 가슴 아프고 어쩔 수 없는 현실이다. 그렇기에 엄마로서 하나하나 꼼꼼히 체크하면서 준비해야 한다. 자신이 안심하고 내 아기를 맡길 수 있는 길이 있기는 하는 걸까? 있다면 어떻게 준비해야 옳은 답일까?

육아 프로젝트의 첫 발자국

정답도 오답도 또한 유일한 방법도 없는 길이 육아다. 당신의 육아는 당신의 인생에서 제일 큰 비중을 차지하는 거대한 프로젝트라는 것도 사실이다. 그처럼 큰 프로젝트를 이제 시작하는 첫 단추를 꿰는 순간에 직면해 있다. 당신이 현명하고 지혜로운 엄마라면 당신에게 맞는 육아 방법을 스스로 모색해보라.

엄마가 심리적으로 불안한 모습을 보이면 아기도 덩달아 불안정한 모습을 보이고, 엄마가 행복한 모습과 함께 환한 모습을 보이면 그런 기운은 아기에게 고스란히 전달된다. 영아를 어린이집에 보내야 할 상황이면 선택의 여지가 없기 때문에 강한 멘탈이 필요하다. 더구나 몇 개월밖에 안된 영아를 남의 손에 맡겨야 하는 상황에서 아기 엄마들의 불안감은 어린이집을 보내는 엄마들에 비교가 안 될 만큼 가중될 것이다.

그렇다고 불안에 떨고 울고만 있을 텐가. 매번 강조해도 모자라지 않는 메시지는 바로 '당신은 엄마다!'이다. 엄마라는 이름 하나로 당신의 멘탈을 강화해야 한다.

양보할 수 없는 나만의 선택 기준을 세워라

원하는 베이비시터 프레임 짜기

베이비시터를 구하는 엄마들은 각기 자신이 그리는 베이비시터 스타일과 기준을 어렴풋하게 가지고 있을 것이다. 처음에 생각할 때는 막연하지만 이런저런 정보를 뒤져보고 같은 입장에 있는 엄마들의 의견도 수렴하다보면 점점 자신의 조건에 필요한 베이비시터의 기준이 명확해질 것이다.

과연 자신이 어떤 시터를 찾고 있는지 구체적인 조건과 기준의 리스트를 적어보자. 온화하고 인품 있는 선생님 스타일인지, 친근한 할머니 스타일인지, 순한 이모 스타일인지 자기만이 그리는 스타일을 정립해나가보라.

베이비시터와 관련해서 어떤 자격증을 보유하고 있는 사람인지, 나와의 성격은 잘 맞을지, 가사까지 겸하는 시터를 구해야 하는지, 입주·종일제·파트타임인지 등 여러 유형과 조건이 각기 있을 것이다. 세세히 항목별로 작성해서 정리하자. 어느 정도 당신이 추구하는 베이비시터에 대한 프레임이 짜일 것이다.

당신과 함께하는 파트너를 찾는 데 근본적인 바탕이 되어야 하는 것은 스스로가 최대한 긍정적인 마인드를 가져야 한다는 사실이다. 모든 부정적인 마음은 당신의 사고를 지배하고 불행을 초래한다는 사실을 인지해야 한다. 긍정적인 생각은 당신 마음을 행복한 마음으로 바꿔주고 그 행복한 마음으로 기준을 정하고 행동에 옮기면 당신은 신선한 시각으로 상대를 판단하는 눈을 가질 수 있을 것이다.

즉, 긍정적인 마음은 행복을 가져다주고 마음이 행복하면 당신에게 행복은 눈덩이처럼 커진다는 사실을 머릿속에 인지하고 베이비시터와의 인연을 준비해보란 얘기다.

또 베이비시터가 원하는 조건과 기준을 완벽하게 충족해줘야 한다는 생각은 버려야 한다. 그렇게 자신에게 꼭 맞는 베이비시터를 구하기란 하늘의 별 따기와 같다. 모든 조건이 맞기는 어렵지만 그 여러 조건 중에서 자신이 중점적으로 강조하고 양보할 수 없는 조건이 있을 것이다. 비록 몇 가지 조건이라도 자신이 중요하게 고려한 조건이 채워지고 처음 목표의 근사치에 가까워지면 채용을 고려해야 한다. 자신이 고려할 몇 가지 조건은 자신의 눈높이에 맞아야 한다는 원칙도 세워야 한다. 차근차근 계획을 세워서 기준을 만들어보자.

주변의 평에서 옥석을 가려라

아기 키우는 맘들에게 베이비시터 구인에 대한 조언을 구하는 어느 전업주부의 글이 한 커뮤니티에 올라왔다. 두 돌 된 첫아이와 이제 막 산후조리를 마친 쌍둥이가 있다고 한다.

첫아이가 어린이집에서 하원하는 시간부터 쌍둥이를 엄마랑 같이 케어하는 5시간 파트타임 베이비시터를 고용하려고 하는데 후보 2명 중 결정이 어려운 상황이다. 한 분은 50대인데 쌍둥이 경력 두 번에 현재도 쌍둥이를 케어하고 있고 성격이 차분하며 예의도 바른 분, 다른 분은 60대 초반으로 어린이집 경력이 10년이며 성격이 활발한데 단점은 신생아 경력이 거의 없다는 것이다. 어느 분을 선택해야 할까?

대답이 거의 반반으로 나뉜다. 모두 맞는 대답이고 일리가 있다. 답변을 세세히 들여다봐도 틀린 답은 없다. 그런데 답글 중에서 하나 눈에 들어오는 내용이 있었다. 베이비시터 고용이 어렵다는 하소연 답글이었다.

> 인터뷰 결과 한 분은 신생아 때부터 아이가 5세 될 때까지 계속 한 집에 있어 신생아 경험이 너무 오래전이고 또 한 분은 신생아 경험이 최근 여러 번이어서 결국 두 번째 분을 채용했는데 결과적으로 실패했어요.

여기서 우리는 답글을 쓴 엄마가 놓친 부분이 있다는 사실을 깨달아야 한다. 최근 신생아 케어 경험이 많다는 것은 무엇을 의미할까. 생각해보자. 왜 단기간에 신생아 경험이 많을까. 단순하게 생각하지 말고 잘 생각하면 답이 나올 것이다. 실패한 시터는 이직이 많아 단기로만 일했다는 이야기다. 반면 신생아 때부터 5년간을 일했다는 시터는 진짜 베테랑 시터다.

즉, 한집에서 오래 근무한 경력의 시터는 믿고 채용해도 실패할 확률이 적다는 결론에 도달한다. 신생아 케어 경험이 있는 시터는 몇 년이 지나도 신생아를 돌보는 데 문제가 전혀 되지 않는다. 또 그렇게 오랜 경력이 있는 사람일수록 자기관리를 정확하게 하는 사람이다. 신생아 경험이 오래되었더라도 요즘엔 업체에서 보수교육도 정기적으로 받는다.

이처럼 베이비시터를 채용할 때는 여러 요인과 상황을 고려해 정확하게 판단할 필요가 있다. 물론 선배 엄마들의 조언도 필요하지만 필터링해야 할 것은 걸러내고 자신만의 기준을 구체화할 필요가 있다.

기준의 우선순위를 정하자

위의 사례 글을 보면서 당신은 당신만의 베이비시터를 찾는 기준을 세워야 한다는 걸 알았을 것이다. 기준은 단기간에 만들지는 못한다. 복직을 앞둔 워킹맘이라면 시간을 충분히 갖고 더 오랜 시간을 고민해야 한다.

당신만의 프레임을 만들고 찬찬히 그리고 깐깐하고 까칠해도 좋다. 내 아기의 미래의 인격체를 결정하는 중요한 일이다. 왜 당신이 깐깐해야 하는지, 까칠해야 하는지 자신에게 질문해보라. 당신이 어떤 엄마인지, 내 아기는 당신이 어떤 엄마이기를 원하는지 답을 찾으라.

상대가 반드시 당신과 같은 생각을 한다고 보는 시각을 버려야 한다. 이러한 마인드를 가지면 상대를 좀 더 폭넓게 이해할 수 있고 그에 대한 차이를 받아들일 수 있다. 서로가 다르다는 사실을 인정하지 못하면 끝없는 고민을 해야 하고 해결할 방법을 찾지 못할 것이다. 가슴으로 인정하고 이해한다면 당신은 훌륭한 베이비시터의 기준을 정립할 수 있을 것이다. 그리하면 당신은 베이비시터와 바라보는 시각이 서서히 같아질 것이다.

그러나 당신이 만든 프레임 속에서 양보할 수 없는 기준의 우선순위는 꼭 지켜야 한다.

철저히 준비된 엄마가
베이비시터 채용에 성공한다

베이비시터 구인 기준을 세워라

다음은 맘카페에 올라온 베이비시터를 추천해달라는 글의 일부 내용이다.

베이비시터를 구하고 있는데 한 달이 지났습니다. 엄마가 항상 같이 해주지 못해서 아기에게 사랑을 많이 줄 수 있는 좋은 분을 구하고 싶고, 조부모의 도움은 못 받는 상황이에요.

CCTV는 필수라고 해서 설치하고 면접 보고 있는데 소개소에서 보낸 분들은 사전에 아무런 정보도 주지 않았고, 중국 연변 사투리를 쓰시면서 한국인이 맞다고 하시는 중국 교포 분도 오시고, 오늘은 노랑머리에 손톱도 길고 눈썹에 문신을 한 분이 오셔서 깜짝 놀랐어요. 정말 어떻게 해야 할지 모르겠어요. 어느 업체가 좋은 곳인지 구분도 안 되고, 이제 베이비시터 찾는 일에 점점 지쳐가고 판단력도 흐려지네요. 베이비시터 면접 볼 때 우선시하는 게 무엇이며 어떤 기준이나 인상을 보는지 궁금해요. 업체는 CCTV 설치를 기피하는 눈치예요.

위 내용의 글쓴이는 구인 시작 후 한 달이 지났는데도 제대로 된 프로세스가 전혀 실행되지 않고 있다. 구인 경로도 모호하고 기준도 없다. 그저 막연하게 그냥 좋은 베이비시터를 구한다는 생각이다. 게다가 업체가 CCTV 설치를 문제 삼다니……. 참 사각지대도 많고 검증도 안 되는 사설 베이비시터 소개소가 있다는 걸 보고 매우 놀랐다. 그러나 어려우면 어려울수록 강한 멘탈로 준비해야 한다.

나에게 나무를 자르기 위해 여섯 시간을 준다면 나는 먼저 네 시간을 도끼의 날을 가는 데 사용할 것이다.

- 에이브러햄 링컨(Abraham Lincoln)

목표 달성을 준비하는 데 3분의 2의 시간을 사용한다는 링컨의 명언은 참으로 시사하는 바가 깊다. 내 아기를 똑똑하게 키우려면 엄마는 육아에 대해 자신만의 성공 육아 프레임을 짜고 그에 맞는 계획을 세우고 준비를 해야 한다.

당신은 결혼할 남자를 찾을 때 어떤 준비를 하였는가. 결혼 상대가 아니라도 좋다. 처음으로 남자친구를 만났을 때도 상관없다. 물론 준비 없이 우연이란 인연도 있을 수 있다. 우연히 운 좋게 서로에게 최고의 커플이 되어 평생의 반려자까지 골인하는 것, 아마도 모두가 꿈꾸는 로망이 아닐까. 그러나 그런 경우는 현실적으로 어렵다는 걸 알 것이다. 그때로 되돌아가서 당신은 훌륭한 남편을 만나기 위해 어떠한 것을 어떻게 준비했는지 회상해보라.

연애할 때와 다르게 결혼을 전제로 한 남자를 선택할 때는 여러 조건과 고려할 사항이 있다. 성격은 밝고 유머가 있어야 하고 배려심이 있는 남자, 대기업에 다니는 남자, 재력이 좋은 남자, 나보다 다섯 살 이상이 아닌 남자, 가족이 화목한 가정, 인상이 좋고 키는 175센티미터 이상인 남자, 사회성이 있고 나와 가치관이 맞는 남자 등 자신이 중요하게 생각하고 양보할 수 없는, 아마도 수많은 조건이 있었을 것이다.

그렇게 까다롭게 계획하고 준비하여 결혼 대상자를 찾아나섰을 때 당신의 기준에 몇 퍼센트나 일치하는 대상을 만났는지, 대상이 나타났을 때 어떻게 기회를 인연으로 연결했는지 아니면 망설이다가 놓치고 후회했는지 등의 경험을 되살려 대상을 남편에서 베이비시터로 바꿔 분석해보라. 어떤 점이 부족했고 어떤 면에서 흡족하여 결혼을 성공의 길로 이끌었는지, 어떤 점을 중점적으로 체크해서 준비해야 하는지 길이 보일 것이다.

소울메이트 같은 베이비시터 만나기

베이비시터를 채용하는 일은 부부와 아기, 즉 한 가족의 미래를 결정하는 솔루션이다. 워킹맘의 95퍼센트가 퇴사까지 고민하고 갈등한 경험이 있다고 한다. 이유는 출산 후의 육아 문제로 곤경에 빠질 때와 자녀의 초등학교 입학 때로 이 시기가 워킹맘의 최대 고비다.

워킹맘이라면 출산 후 베이비시터로 인한 문제가 쉽게 해결되고 맘 놓고 아이를 맡길 환경이 조성된다면 더할 나위 없이 행복할 것이다. 그러나 대부분이 그렇지 못한 상황이라서 불안에 떨 수밖에 없다. 그렇게 불안할수록 내 아기의 안정된 육아를 위해서 시터 채용 조건과 기준을 세우고 철저하게 준비해야 한다.

베이비시터를 채용할 때는 다음과 같은 사항을 고려해야 한다.

- 어떤 구인 경로를 택해야 할까?
- 근무 형태를 어떻게 결정해야 할까?
- 가계 예산에 맞는 비용은 얼마인가?
- 온라인 사이트에 구인 글을 올리려면 어떤 내용을 어떤 폼으로 올려야 하는가?
- 업체에 추천을 받으려면 구체적으로 어떤 조건을 제시해야 할까?
- 1차 구인에서 탈락시켜야 할 요건은 무엇인가?
- 인터뷰에서 체크해야 할 사항은 무엇인가?

소울메이트 같은 베이비시터와 최고의 인연을 만들려면 당신 자신을 들여다보라. 내가 추구하는 육아를 시터도 추구하고 있는지, 당신 가족의 동반자와 다름없는 베이비시터에 대해 어떤 조건과 기준, 성향을 원하는지를 스스로 체크하고 준비해야 한다.

육아는 이벤트가 아니고 아기 엄마에게는 미래를 설계하는 기반이다. 양보하면 안 되는 것은 끝까지 고수하고 원하는 바를 최대한 끌어올려야 한다. 좋은 베이비시터를 만나는 일은 결코 운이 아니다. 필연으로 만들기 위해서 준비하는 강인한 엄마가 되어야 한다. 준비를 철저히 한 만큼 그 결과가 복리로 돌아올 것이다.

'할머니 찬스'인가 '남의 손'인가
결정되면 행동에 나서라

최고였던 할머니 찬스

재작년쯤으로 기억한다. 오랜만에 언니 또래인 지인 두 분과 점심을 함께한 적이 있다. 서로 그간 근황도 궁금하고 이런저런 대화 중에 손주에 대한 얘기들이 오고갔다.

"우리 손녀딸은 아기 때부터 내가 키웠거든. 올해 중학교에 입학했는데 나를 너무 좋아해. 그래서 그런지 우리 손녀가 하는 말이 자기가 이 세상에서 제일 존경하는 분이 할머니래~ 글쎄!"

손녀 얘기하는 그 언니 얼굴에 함박꽃이 활짝 피었다. 평상시에도 그 언니는 딸과는 친구처럼, 연인처럼, 항상 찰떡같은 케미를 보였다. 서울에 있는 명문대학을 졸업한 데다 책을 좋아하고 음식 솜씨, 뜨개질 솜씨 등 손재주가 뛰어났다. 또 다방면으로 해박하고 매사가 바지런해서 그 언니의 육아는 가히 설명을 안 들어도 짐작이 갔다.

손녀딸 옷도 직접 디자인과 재단을 해서 만들어서 입혔고, 갓난 아기 때부터 손녀에게 책을 읽어주는 걸 날마다 빼먹지 않는 등 그야말로 최고의 베이비시터 노릇을 했다. 경제적으로 넉넉해서 베이비시터를 채용하기에도 충분했지만 전문직 딸을 대신해서 외할머니가 직접 외손녀를 케어한 경우다.

얼마나 똑 부러지게 육아를 했으면 손녀딸이 가장 존경하는 인물이 되었겠는가. 손녀딸 얘기를 하는 내내 얼굴 표정에서 행복함이 고스란히 묻어나오는 대화에 같이 동석한 우리에게도 그 기운이 전해지는 것 같았다. 이런 모습의 할머니표 육아는 모든 아기 엄마가 동경하는 최고의 롤모델이다. 그야말로 최고의 할머니 찬스를 쓴 경우다.

할머니 찬스의 장단점

이처럼 원하는 대로 조부모님 찬스를 쓸 수 있다면 얼마나 다행이겠는가. 그러나 현실은 친정어머니, 시어머니의 도움이 필요한데 여러 이유 때문에 망설이거나 부탁이 어려운 상황에 처한 아기 엄마들도 다수 있을 것이다.

아이 한 명을 키우려면 이웃과 온 동네가 함께 키워야 한다는 말이 있다. 우리나라 통계를 보면 할머니 육아가 80퍼센트 이상을 차지한다고 하지만, 며느리와 시어머니, 친정어머니와 딸, 두 유형의 관계가 심리적인 면에서 미묘한 갈등이 많은 게 사실이다. 세대 차이가 나는 육아에 대한 관점, 고부간의 갈등, 모녀 간의 치유되지 않는 잠재적인 상처의 갈등 등 어려움이 많이 공존하는 게 현실이다. 막상 눈에 넣어도 아프지 않은 손주를 놓고 여러 상황에서 조부모와 아기 엄마는 이런저런 이유로 말미암아 수많은 갈등에 직면한다. 하지만 당신이 뾰족한 수가 없고 할머니 찬스를 이용해야 할 상황이라면 현명한 지혜를 동원해야 하지 않겠는가.

할머니 찬스를 이용할 때는 어른의 권위를 세워드리는 게 첫 번째 도리이고 어른의 육아 방식과 능력을 무시해서도 안 된다. 즉, 할머니표 육아를 인정해서 받아들이고 젊은 엄마 관점의 육아를 어른으로서의 자존감을 잃지 않게 자연스럽게 받아들이도록 연구해야 할 것이다. 할빠 할마 육아로 인해 아이들이 크면서 버릇이 없어진다는 둥 육아 관점이 시대에 뒤떨어진다는 둥 여러 이견이 많고 젊은 엄마의 육아 방식과 맞지 않을 경우가 많을 것이다.

그렇지만 가장 안전하고 두려움 없이 맡길 수 있는 대상이 조부모임은 모두가 잘 알고 있다. 워킹맘으로서 불안감을 떨치고 출근할 수 있는 여건을 만들어주신 분에 대한 감사의 마음은 평생 가져야 하는 게 자식된 도리다.

황혼 육아의 문제점은 늘 사회 문제가 되고 있다. 대부분의 할머니표 육아는 비자발적인 경우가 10명 중 7명을 차지한다는 것 또한 시사하는 바가 크다. 당신이 여자이듯 당신의 엄마도 여자임을 잊지 말아야 한다. 즉, 엄마에게 개인적인 시간과 사생활의 여지를 드려야 한다는 것이다.

아이에게 안정감 있는 긍정적인 사랑의 육아는 아이 엄마에게도 커다란 힘이 된다는 점을 잊지 말아야 한다. 어쩌면 할머니표 육아로 인해서 서로를 배려하고 이해하는 일이 발생함으로써 평소 서먹하거나 소원한 관계가 개선되는 계기가 될 수도 있다.

할머니 찬스를 이용하게 된다면 다음과 같은 사항을 염두에 두자. 보다 행복한 육아에 도움이 될 것이다.

- 권위 존중하기
- 육아 방식 관점이 다를 때 인정하기
- 건강 체크하기(황혼 육아 질환 체크 및 정기 건강검진)
- 공동 육아에 대한 원활한 의사 소통하기
- 충분한 용돈 드리기
- 감사한 마음 수시로 대화로 표현하기(공경마음)
- 여가시간 드리기(퇴근 후 시간, 주말 시간)
- 지혜로운 대화법으로 육아 방법 의논하기

2장

고민 뚝! 깐깐하고 똑똑해져라

검증을 위한 최대한의
정보수집은 필수다

정보 수집은 아이를 위한 것

개인 직거래나 지인 소개로 베이비시터를 채용하려는 아기 엄마들의 공통된 고민은 신분 확인의 어려움이다. 신분 확인은 기본이라서 당연한 요구 사항인데도 이마저도 대놓고 요구하지 못하고 쭈뼛거리며 눈치를 보는 소극적인 엄마들이 종종 있다.

안녕하세요. 다음 주부터 복직 예정인 6개월 된 아기의 엄마인데요. 시터 구인 공고를 통해서 베이비시터를 구했는데 이모님께서 서류 제출하는 걸 거부해요. 원래 이런가요? 궁금해서 문의드려요.

구인 공고에 주민등록등본, 신분증 사본, 지인 연락처, 건강진단서 등 필요한 서류를 기재했거든요. 이모님 출근 첫날에 서류를 요청했는데 주민등록증과 건강진단서를 확인시켜준 후 돌려달라고 하네요. 가족 연락처랑 다른 서류를 달라고 했더니 베이비시터를 오래했지만 서류 제출을 요구하는 건 처음이라며 까다롭다고 기분 나빠 하네요.

정 못 믿겠으면 전에 일하던 곳 엄마 연락처로 연락해보라는 겁니다. 원래 이모님들이 서류 없이 일하는 게 관행인가요? 이분 말씀대로 서로 믿고 맡기는 거라지만 제가 알기로는 보관용 서류는 받는 걸로 알고 있는데 제가 잘못 알고 있는 건가요? 고민이 되어서 잠이 안 오네요.

이 경우는 직거래에서 기본적으로 받아야 할 서류를 못 받은 잘못된 채용이다. 정부에서 서비스를 지원하는 돌보미는 신분이 검증된 사람이다. 또 회원제 업체에서 파견하는 경우도 업체에서 신분을 검증한 상태고 프로필도 확인이 되기 때문에 문제될 게 없다. 필요 서류에 보험증서까지 이메일 등으로 보내 신분 확인을 확실히 해준다. 나중에 신분에 문제가 되면 업체가 책임질 일이다. 내가 소속되어 있는 업체는 시터 실명제까지 도입해서 고객과의 의사소통과 함께 시터를 투명하게 관리하고 있다.

만약 직거래로 시터를 채용하기로 마음먹었다면 업체가 대행해주는 업무까지 본인이 직접 더 꼼꼼하게 나서서 확인해야 한다. 신분 확인은 기본 중의 기본이다. 자기관리가 되어 있는 프리랜서 시터는 당연히 필요한 서류를 사전에 준비한다. 인터뷰할 당시 서류를 제출하지 않았다면 일단은 제외 대상이다. 더구나 서류 제출을 거부하는 사람이라면 1퍼센트도 재고할 여지가 없다. 전혀 준비가 되지 않은 시터라고 봐야 한다.

인터뷰할 때 신분증(여권) 원본은 반드시 확인해야 하며, 서류는 확인 후 돌려준 후 채용이 결정되면 첫 근무일에 다시 제출하도록 요구해야 한다. 신분증 사본도 반드시 필요하다. 서로 간에 조금이라도 불편하다면 불편한 쪽이 잘못된 것임을 인지해야 한다. 구직 입장에서 서류를 받는 게 관행이냐고 묻는 그 질문 자체가 잘못이다. 서로의 의무이고 권리라고 얘기하는 게 맞다.

직거래를 할 경우 다음과 같은 서류를 반드시 받아야 한다.

- 신분증 앞뒷면 사본(조선족인 경우 여권앞뒷면 사본)
- 주민등록등본
- 가족관계증명서(가족비상연락처 두 명)
- 건강진단서
- 통장 사본

확실할수록 아기는 안전하다

블랙시터라는 용어를 들어봤는가. 베이비시터로서 블랙리스트에 오를 정도라면 발 디딜 곳이 없어야 하는데 마땅하게 검증할 방법이 없다. 따라서 정신 바짝 차리고 똑똑해져야 한다. 엄마의 촉, 즉 안테나를 길게 빼고 나서야 한다. 구인하는 입장에서는 최대한 검증하고 확인할 사항은 정확히 해야 하며 필요한 부분은 당당하게 요구해야 한다.

기본적인 정보와 서류를 거부하는 베이비시터는 근본적으로 시터의 자격이 없다. 무얼 믿고 쉽게 주 양육자 자리를 내어주겠는가. 그렇다고 베이비시터 찾는 길이 힘들다고 포기하거나 절망할 것까지는 없다.

베이비시터 찾는 일만큼은 너무 똑똑해서 부러져도 된다. 부러져서 손해 날 것도 없고 부러짐이 넘쳐도 된다. 그만큼 강조하고 싶은 것은 당신 아기의 미래를 결정 짓는 주 양육자를 찾는 일이기 때문이다. 사무치게 간절한 마음만큼, 당신이 절실한 만큼 최선을 다했다면 반드시 해낼 것이다.

베이비시터 구인 방법 및 경로에 따른 장단점

구인 시장의 상황

베이비시터를 채용하기로 결정했다면 어디에서 어떻게 어떤 경로로 알아봐야 할지 막연할 것이다. 구인 방법은 여러 경로로 다양하다. 그러나 어떤 경로가 워킹맘이 원하는 모든 조건을 만족시켜 근사치에 갖다놓을 수 있을까. 여러 가지 걱정과 불안감이 앞설 것이다. 베이비시터에 대한 나쁜 뉴스가 워킹맘의 눈과 귀를 불신하는 쪽으로만 내몰고 있는 현실이 야속하기만 할 것이다. 자신의 아기를 돌봐줄 베이비시터는 이 세상 어디에도 없을 것 같은 생각이 들고 모든 베이비시터를 색안경을 쓰고 볼 수밖에 없는 상황에 힘이 빠질 것이다.

그러나 그렇게 나쁜 사람은 극소수에 불과하다. 뉴스는 뉴스일 뿐이다. 세상 사람들이 관심을 갖게 하기 위해 미디어에서 크게 부풀리는 경우도 있다. 물론 검증되지 않은 자질이 떨어지는 베이비시터도 실제로 존재할 것이다. 그렇다고 손 놓고 있을 수는 없지 않은가. 이를 필터링해서 자신이 원하는 베이비시터를 찾는 일이 바로 아기 엄마에게 주어진 임무이지 않겠는가. 자신의 발등에 떨어진 불을 끄고 모든 악조건에 맞서서 이기려면 그만큼 똑똑해져야 한다.

베이비시터를 구하려면 우선 어떤 경로를 통할지를 결정하고 행동에 나서야 한다. 다양한 경로가 있지만 각기 장단점이 있다. 자신이 택한 경로에 대한 장단점을 우선 체크해야 한다. 자신이 선택해서 구인하는 경로는 어느 분야를 더 집중적으로 더 세밀하게 체크해야 할지, 체계적이고 세심한 계획을 세우고 실행에 옮겨야 할 것이다.

구인 경로는 보건복지부 산하 아이돌보미, 비영리단체, 회원제 사설 파견업체, 직거래사이트, 단순 직업소개소, 지인 소개나 지역 맘카페를 통한 소개 등이 있다. 그리고 비영리단체 YWCA에서도 베이비시터를 구할 수 있다(www.seoulywca.or.kr, 02-3705-6013~5).

경로별 구인 방법 및 장단점

정부돌봄서비스

여성가족부에서 관리하고 운영하는 아이돌봄서비스(idolbom.go.kr)는 소정의 교육과 신분 등이 검증된 베이비시터를 파견한다. 현재는 돌보미와 아기 엄마의 매칭으로 운영되고 있다. 날짜와 시간이 맞지 않으면 대기 기간이 길어질 수 있다. 또 이용시간이 너무 짧거나 이른 시간도 매칭되기 힘들다. 경제적으로 어려운 조건의 가정에는 정부 보조금이 지원된다.

회원제 사설업체

개인이 운영하는 민간업체로서 회원제로 운영되며 회비 및 수수료를 지불하는 시스템이다. 다른 경로의 구인에 비해서 회비 등에 따른 비용 부담이 있다. 그러나 교육 및 보수교육, 신분 보장, 의무적인 보험가입 등 검증된 베이비시터 자원이기 때문에 구인하는 입장에서의 불신감을 덜어주어 신뢰감이 든다. 또 자신이 원하는 조건의 베이비시터를 요청할 수 있으며 인터뷰를 한 후에 결정할 수 있다. 매칭 후에도 사후 관리를 해주고 문제가 발생하면 업체에서 대체인력을 매칭해 해결해주는 등 여러 장점이 있다.

업체를 선택할 때는 교육을 직접 시키는지, 보험에 가입되어 있는지 제반사항을 확인해야 한다. 또 회비나 수수료를 줄이기 위해 회사를 배제하고 파견된 시터와 직거래를 할 경우에는 법적으로 문제가 발생할 수 있다. 간혹 단순 직업소개소에서 인력만 매칭시켜주기도 한다. 이 경우는 검증되지 않은 인력일 수 있어서 문제가 발생하면 해결점을 찾지 못하므로 업체를 선택할 때 매우 유의해야 한다.

업체명	홈페이지	전화번호	지사
베이비시터코리아	babysitter-korea.com	02-561-4331	서울 각구, 분당, 일산, 구리, 수원, 대전, 세종, 천안, 대구, 울산, 부산, 제주
다솜홈서비스	www.dasomhappy.com	02-556-3450	부산, 서울, 성남, 울산, 수원, 창원, 대전, 세종
사임당	sid35.co.kr	1577-3575	서울, 인천
아이사랑	familycare.co.kr	02-584-3367	서울
아이꿈	www.i-kkum.co.kr	02-525-5992	서울
고운빛	ww.gounvit.com	02-596-3381	서울
아이와엄마	iwaumma.com	1600-3579(산모도우미) 1600-4579(베이비시터)	서울, 인천, 일산
피카부베이비시터	peekaboo.itrocks.kr	02-545-8382	서울, 경기
캥거루베이비시터	www.babysos.co.kr	02-424-2277	서울, 수원, 구리, 남양주, 성남, 평택, 안성, 창원, 마산, 대전, 천안, 부산
마음으로	www.maumuro.co.kr	02-525-2737	서울, 의정부, 안양, 부산, 인천, 성남, 일산
엄마손	www.aummason.com	02-2675-9118	서울, 수원, 안양, 부천, 인천, 김포, 일산
부모마음	www.bumomaum.co.kr	02-521-2766	서울, 부천, 일산, 과천, 안양, 성남, 용인, 인천, 부평, 수원, 광교
패밀리케어	familycare21.com	02-581-0848	서울
참조은베이비시터	cjcham.co.kr	1661-9106	청주
행복한헬퍼114	www.mom-help.co.kr	02-544-9080	서울, 성남

※전화번호는 대표번호와 서울지역 번호로 작성됨

직거래 사이트

비용이 다른 업체에 비해 다소 저렴하기 때문에 구인구직 입장에서 관심이 많고 다양한 후기를 접할 수 있는 곳이기도 하다. 다른 경로에 비해 검증되지 않은 자원이라서 원하는 베이비시터를 구하려면 아기 엄마 입장에서 꼼꼼하고 세세한 검증절차를 여러 번 거쳐야 한다. 직접 인터뷰를 하는 단계 이전에 필터링할 절차가 필요하다. 누구도 보장해줄 수 없는 직거래이기 때문에 채용 결정에 신중해야 한다. 이 경우에는 구직하는 후보가 많기 때문에 1차, 2차 필터링 조건을 사전에 준비해야 한다. 또 사이트에 맞는 플랫폼을 통해서 구인조건을 정확히 제시해야 한다.

업체명	홈페이지	전화번호
시터넷	www.sitternet.co.kr	1644-9096
맘시터	www.mom-sitter.com	1833-6331
이모넷	iiiiimo.net	010-7697-4818
단디헬퍼	www.dandihelper.com	1833-9197
오케이헬퍼	okhelper.co.kr	070-7785-3919

베이비시터 보수
얼마가 적당할까?

아이돌봄서비스 베이비시터는 왜 구하기 힘들까?

잇따른 아동 학대와 비리 등으로 어린이집에 대한 불안감이 커지면서 많게는 수백만 원에 달하는 고비용을 감수하면서도 전문 베이비시터를 찾는 부모들이 늘고 있다.

최근 아내의 육아 휴직이 끝나 두 살배기 아이를 맡길 곳을 찾고 있는 김모(36) 씨는 한 유명 베이비시터 업체에 견적을 문의했다. 아동 학대 사건을 보며 어린이집보다 믿을 수 있는 베이비시터를 고용하는 게 낫다고 판단했기 때문이다.

해당 업체에서는 베이비시터 등급을 4단계로 나눠 시급을 차등 적용했는데 관련 학과 석사 이상 학력과 보육교사 1급 자격, 어린이집이나 유치원 등의 현장 경력을 갖춘 최고 등급 베이비시터의 경우 23,000원의 시급을 받고 있었다. 평일 오전 9시부터 오후 7시까지 집을 비우는 김 씨 부부는 하루 10시간 기준으로 월 200시간을 이용할 경우 베이비시터 비용만 460만 원에 달했다.

- 김대종, 세상 겁나 月460만원 베이비시터 쓰는 엄마들, 〈문화일보〉, 2013. 8. 23.

또 보통 중산층과 저소득층의 워킹맘이 가장 큰 관심을 보이는 정부 지원 아이돌봄서비스(www.idolbom.go.kr)를 이용하는 가구 수도 꾸준히 늘고 있다. 2019년 70,485가구를 정점으로 2020년에는 코로나19로 인해 59,663가구로 약간 줄었지만, 2020년 기준 활동하는 돌보미는 24,469명에 불과하다.

즉, 수요에 비해 공급은 약 34퍼센트에 그치고 있어 정부 아이돌봄서비스 신청 후에 대기 기간이 길어서 혜택을 포기하고 민간 베이비시터를 이용하는 경우가 많다. 정부 지원 대상에서 제외된, 소득이 높은 가정은 민간 베이비시터를 채용하는 데 무리가 없지만, 상대적으로 소득이 낮은 세대는 육아 비용 지출에 상당한 부담을 느낄 수밖에 없다.

혜택을 받지 못하는 가장 큰 이유가 신청세대 수의 40퍼센트 이상이 오후 3~7시에 집중적으로 몰려 있기 때문이다. 이 시간이 주로 어린이집에서 하원하기 때문에 수요가 몰리는 것이다.

베이비시터 보수는 얼마가 적당할까?

베이비시터인 정부 돌보미의 보수는 시급제다. 민간업체나 직거래는 시급제와 월급제로 구분되는데, 보통 정부 돌보미 시급과 비슷한 금액으로 책정된다. 그러나 직거래 사이트는 기준이 정해지지 않아서 구인, 구직 양쪽 모두 보수 책정에 어려움이 있다.

특히 민간업체의 베이비시터를 채용하려는 아기 엄마들이 월급제의 경우 기준을 어디에 둬야 하는지 고민을 많이 한다. 더구나 입주 베이비시터를 고려 중인 워킹맘은 예산보다 많은 비용을 지출해야 하는 벽에 부딪혀서 직장을 그만둬야 하나 하는 혼란에 빠지기도 한다. 정부 아이돌봄서비스와 대표적인 업체의 시급 및 이용금액을 알아보고 베이비시터 보수의 기준을 세워 적용하기를 바란다.

정부 아이돌봄서비스

정부 지원 가구는 읍·면사무소, 동 주민센터에 정부 지원 신청 및 소득유형 결정 후 지역 서비스 제공기관에 서비스 연계 신청을 한다. 단, 복지로(www.bokjiro.go.kr)를 통한 신청은 맞벌이부부(직장보험 가입자) 및 한부모가족지원법에 의해 등록된 한부모가구(직장보험 가입자)만 가능하다. 정부 미지원 가구는 지원 유형 결정(소득 판정) 없이, 아이돌봄 누리집에 가입한 후 서비스 신청 및 이용이 가능하다.

| 아이돌봄서비스 가구원 수별 소득 기준 |

유형	소득기준 (중위소득)	가구원 수별 소득기준 금액(월평균소득)		
		~3인	4인	5인
가형	75% 이하	2,987,963원	3,657,218원	4,318,030원
나형	120% 이하	4,780,740원	5,851,548원	6,908,848원
다형	150% 이하	5,975,925원	7,314,435원	8,636,060원

| 시간제서비스 소득유형별 정부지원금 및 본인부담금(2021년 기준) |

유형	소득 기준 (중위소득)	기본형(시간당 10,040원)				정부지원 시간
		A형		B형		
		정부지원	본인부담	정부지원	본인부담	
가형	75% 이하	8,534원	1,506원	7,530원	2,510원	연 840시간
나형	120% 이하	6,024원	4,016원	2,008원	8,032원	
다형	150% 이하	1,506원	8,534원	1,506원	8,534원	
라형	150% 초과		10,040원		10,040원	

※ (기본) 1회 2시간 이상 신청, 아동 2명: 25% 할인, 아동 3명: 33.3% 할인
※ A형: 2014. 1. 1. 이후 출생 아동, B형: 2013. 12. 31. 이전 출생 아동
※ 야간할증(평일 오후 10시~오전 6시): 기본요금의 50%, 휴일할증(공휴일): 기본요금의 50%

시간제 서비스 제공 범위

일반형

학교, 보육시설 등·하원 및 준비물 보조, 부모가 올 때까지 임시 보육, 놀이 활동, 준비된 식사 및 간식 챙겨주기, 가사활동은 제외된다. 36개월 이하 영아를 대상으로 시간제 돌봄을 제공할 경우에는 영아종일제 업무를 병행한다.

종합형

시간제 일반형 서비스 돌봄활동 범위를 포함하여 다음과 같은 아동과 관련된 가사 서비스를 추가로 제공한다.

- 아동 관련 세탁물 세탁기 돌리기 및 정리
- 아동 놀이공간 정리, 청소기 청소(1회) 및 걸레질
- 아동 식사 및 간식 조리와 그에 따른 설거지

| 영아종일제 소득유형별 정부지원금 및 본인부담금(2021년 기준) |

유형	소득 기준 (기준 중위소득)	영아종일제서비스(시간당 10,040원)		정부지원 시간
		정부지원	본인부담	
가형	75% 이하	8,534원(85%)	1,506원(15%)	월 60~ 200시간
나형	120% 이하	6,024원(60%)	4,016원(40%)	
다형	150% 이하	1,506원(15%)	8,534원(85%)	
라형	150% 초과		10,040원(100%)	

※ (기본) 1회 3시간 이상 신청
※ 야간할증(평일 오후 10시~오전 6시): 기본요금의 50%, 휴일할증(공휴일): 기본요금의 50%

영아종일제 서비스 제공 범위

이유식 먹이기, 젖병 소독, 기저귀 갈기, 목욕 등 영아 돌봄과 관련된 활동 전반(건강, 영양, 위생, 교육 등)을 제공한다. 돌봄 대상 아동의 관찰사항(일상생활, 아동발달, 건강, 특이사항) 등을 매일 이용가정에 전달해야 한다. 생후 3개월이 경과하지 않은 경우에도 이용가정과

협의한 경우 아이돌봄서비스 이용을 신청할 수 있다.

다음은 회원제 파견업체 예시다.

| 종일제 요금(9시간, 회원가 기준) |

구분	일반	1시간 연장 (20시 이후)	프리미엄	1시간 연장 (20시 이후)
베이비	85,000원	10,000원 (13,000원)	90,000원	12,000원 (15,000원)
가사베이비	90,000원	11,000원 (14,000원)	95,000원	13,000원 (16,000원)

| 월급제 요금(주 5일 9시간, 회원가 기준, 비회원 1일 5,000원 추가) |

구분	일반	1시간 연장 (20시 이후)	프리미엄	1시간 연장 (20시 이후)
베이비	1,700,000원	10,000원 (13,000원)	1,800,000원	12,000원 (15,000원)
가사베이비(A형)	1,800,000원	11,000원 (14,000원)	1,900,000원	13,000원 (16,000원)
가사베이비(B형)	1,850,000원	11,000원 (14,000원)	1,950,000원	13,000원 (16,000원)

※ A형: 50평 미만, B형: 50평 이상
※ 야간할증(오후 8시 이후)

가사 & 베이비 '가사 범위'

가사 & 베이비 이용 시 '가사 범위'는 간단한 수준의 가사로 제한한다. 아이 돌봄이 중점 업무이므로 과중한 가사 진행은 어렵다. 아래와 같이 가사 범위 외 추가 내용이 필요하면 회사와 협의해야 한다.

• 청소: 진공청소기 돌리기 1회
• 세탁: 세탁기 돌리기, 빨래 널기, 세탁물 건조 뒤 개켜놓기
• 설거지: 간단한 설거지

이제 어느 정도 기준이 섰으리라 본다. 어느 아기 엄마는 정부 돌보미 하원 시간 구인 신청에 1년을 대기했다고 한다. 당장에 내 발등에 불이 떨어져 있지 않는 한 정확히 꼼꼼히 따져봐야 한다. 정부 돌보미를 이용해야 한다면 대기 기간 동안 어느 경로로 내가 예산하는 수준에 맞는 베이비시터를 구해야 하는지 정리하고 행동에 나서라. 사회 시스템이 당신을 울린다고 울고만 있으면 안 된다. 당신은 엄마다.

베이비시터 구인 글
어떻게 쓸까?

직거래 안테나를 높이 세워라

어느 경로를 통해 구인하든 일단 경로 선택을 결정했으면 그에 따른 제반 준비를 해야 하는 것은 자신의 몫이다. 업체를 통해 검증된 시터를 채용하기로 했다면 자신이 추가로 더 체크하여야 할 사항이 무엇인지 찾아야 한다. 직거래 사이트를 선택해야 할 입장이라면 한층 더 안테나를 높이 세워 꼼꼼하고 똑똑하게 준비해야 한다. 결정하기 전의 과정에서는 넘쳐도 모자람만 못하는 게 아니고 넘치길 바라는 마인드여야 한다. 모자라면 오히려 후회가 남을 수 있고 그때는 이미 늦을 것이다.

다음은 맘카페에 흔히 올라오는 구인, 구직 글이다.

"성실한 이모님 찾습니다."

"인성 좋으신 이모님 구합니다."

"사랑으로 아이 돌봐주실 분 찾습니다."

"육아 + 가사 해주실 따뜻한 이모님 찾습니다."

"엄마의 마음으로 돌보겠습니다."

"안전이 우선, 정성과 사랑으로 돌보겠습니다."

"아이를 사랑하는 베이비시터입니다."

"오래 일할 수 있는 베이비시터입니다."

구인 글에 꼭 들어가야 하는 문구

위 글에는 간절함, 의무감 등 구인하는 사람과 구직하는 사람의 감성이 고스란히 느껴진다. 하지만 이 정도로는 내가 원하는 베이비시터를 구하기 힘들다. 보다 구체적인 내용이 들어가야 한다.

- 근무 형태: 시간제, 종일제, 입주형
- 지역 및 교통편: 시·동 / 지하철, 버스
- 근무 시작일 및 시간, 요일
- 부모와 돌봄아이 개월 수 및 나이
- CCTV, 반려동물 여부
- 시급, 월급, 계약서 명시
- 국적(한국인, 교포) 및 연령대
- 보험: 가입 우대, 필수
- 제출서류: 신분증 원본 및 사본, 주민등록등본, 건강검진증명

서, 베이비시터 교육수료증, 자격증, 가족관계증명서

• 업무 범위(아이에 대한 제반 업무 명시): 등하교 준비 및 학교 차량 승하차 배웅, 아이 아침·저녁 준비 및 먹이기, 하교 후 간식 챙겨주기, 아이 씻기기(목욕 포함), 아이 방 청소, 놀이터·학원·병원진료 동행 등
• 요구사항(본인이 원하는 제반 사항): 육아·보육 경험 최소 2년 이상인 분, 시간 관념 철저하신 분(지각, 무단결근하는 분 절대 사절), 깔끔하고 안전의식 철저한 분, 부부에게 묻지 않고 다른 사람을 집에 들이거나 무단외출하지 않는 분, 아이 돌볼 때 TV 시청 및 핸드폰 사용 자제

위 내용 중 업무 범위와 요구사항은 내가 원하는 내용을 구체적으로 적는 것이 좋다. 그래야 나중에 서로 다른 소리를 내지 않게 된다.

교육 과정과 자격증 종류에 대해서

우리나라 자격증의 현실

2018년 여성가족부 국정감사에서 한 의원이 민간 베이비시터 자격증이 30분 만에 무분별하게 발급되고 있다고 지적한 적이 있다. 이른바 인터넷 강의로 발급하는 자격증이었다.

이 인터넷 강의는 18강으로 구성된 강의의 타임라인을 마우스로 드래그하여 학습을 종료하는 방식으로 들어도 출석 처리가 되고 있었고, 시험문제 역시 홈페이지에 오픈된 그대로 출제되고 있었다. 점수가 60점이 넘으면 합격증이 발급된다는 내용으로 정말 허술하기 짝이 없는 관리 시스템에, 그야말로 깜깜이로 베이비시터에 대한 자질 검증이 이루어지고 있다는 걸 보며 참 안타까운 마음이 들었다. 우리나라 베이비시터 전체에 해당하는 사항은 아니더라도 심각하게 대책이 절실하다는 생각이 들었다.

분명 이런 방식으로 자격증을 취득하고 직거래 사이트에 구인

공고를 내는 경우도 많을 것이다. 자격증부터가 이런 상황인데 무슨 재주로 아기 엄마들이 베이비시터를 검증해서 걸러낼 수 있을까, 마음이 편치 않다.

많은 엄마가 고민과 함께 불안한 마음을 느끼는 것은 당연할 수밖에 없는 현실이다. 그럴수록 아기 엄마인 당신은 어떻게 해야 할까. '뛰는 놈 위에 나는 놈'이 있다고 하지 않는가. 참 안타깝게도 대한민국 아기 엄마는 내 아기를 위해서 날아야 하는 울고 싶은 현실 앞에 서 있다.

자격증 관리를 강화해야 한다

베이비시터를 양성하는 정부기관이나 업체는 소정의 교육과 신원 확인을 거쳐서 정상적인 수료증과 자격증을 부여한다. 교육과정은 이론 교육과 실기 실습 과정으로 현장에 바로 투입할 수 있는 현장교육이나 마찬가지다.

베이비시터로서 일을 하려는 소명의식이 있는 사람이라면 반드시 교육을 이수한 후에 근무하는 게 정석이다. 충분한 교육 과정과 실습을 거치고 육아에 경험이 있는 사람이라면 바로 현장에 투입되어도 손색이 없다고 본다.

즉, 본인의 자녀와 또는 할머니로서 손주를 케어한 경력에 교육까지 이수했다면 충분한 자질을 갖춘 게 맞다. 굳이 공식적인 경력을 따질 필요가 없다는 얘기다. 그만큼 교육과정이 손색이 없다는 얘기를 하고 싶다.

단지 직거래 사이트의 교육과정에 대해서는 검증되지 않은 내용이 많아서 아기 엄마들이 한층 더 많은 검증의 필요성과 그에 따른 노력이 배가되어야 한다고 본다. 염려스러운 점은 베이비시터 모집에서 자격 요건에 학력 제한을 두지 않는다는 업체들이 간혹 있다. 이 점은 정부 차원에서 베이비시터 자질향상을 위해서라도 제한요건이 필요하다고 본다.

베이비시터 교육 과정

이처럼 베이비시터라면 최소한의 기본 교육을 이수해야 한다는 걸 알 수 있다. 가장 이상적인 것은 정부의 아이돌보미 교육 이수자이겠지만, 인원은 한정되어 있고 수요는 폭증해서 대기해야 하는 기간이 길다.

또한 돌보미 서비스를 이용할 수 있는 요건에 해당하지 않는 워킹맘에게는 그림의 떡일 뿐이다. 그렇지만 이런 현실 속에서 자신이 어떤 선택을 해야 할지 체크해야 할 혜안은 생길 것이라 본다.

2021년 여성가족부의 업무계획에 국가 차원의 베이비시터 자격증 도입을 추진한다는 내용이 있다. 이러한 공식적인 국가자격증이 도입되면 그만큼 베이비시터의 자질이 높아질 것이다.

그에 따라 민간업체들도 수준 높은 베이비시터를 양성할 것이고 이는 워킹맘에게 희소식이 될 수 있다. 과연 얼마나 실효성이 있을지 몰라도 적어도 정부에서 관심을 가져주는 것만으로도 다행이다. 다음 표는 베이비시터 교육과정에 따른 시간 및 커리큘럼이니 참고해보길 바란다.

정부 아이돌보미	**베이비시터 자격증 과정** 교육 과목: 아이돌봄 직무의 이해, 아동안전건강관리, 아동권리 및 학대예방교육, 영아돌봄의 이해, 유아돌봄의 이해, 학령기아동돌봄의 이해 교육 시간: 80시간 보수 교육: 8시간
업체	**베이비시터 수료증 과정** 교육 과목: 베이비시터 직업 이해, 베이비시터 자세와 역할, 업무수행절차, 영유아돌보기(영양, 위생, 건강, 정서), 안전교육 및 응급처치, 구연동화, 놀이지도 교육시간: 12시간 이상(실습 포함) **베이비시터 자격증 과정** 교육 과목: 베이비시터 자세와 역할, 아동발달이론, 영유아응급처치, 심폐소생술, 동화구연, 영유아 돌보기, 유아 놀이지도, 아이방 정리수납, 영유아마사지, 안전관리, 자격검정 교육 시간: 24시간 이상(실습 포함) 보수 교육: 분기별로 진행
직거래 인터넷 사이트	공식적인 교육과 보수 교육 없음 (온라인상에서 자격증 취득한 경우 대다수)
단순 직업소개소	공식적인 교육과 보수 교육 없음

제아무리 많은 아이를 케어한 경험이 있는 사람일지라도 전문교육은 반드시 이수해야 할 필요가 있다. 아기를 보살피다 보면 수많은 변수가 일어날 수 있다는 걸 예상해야 한다. 육아 전문교육은 개인마다 경험이 다르겠지만 다시 복습한다는 차원도 있고 남의 아이를 보살핀다는 소명 아래 책임감과 베이비시터로서 사명감을 불어넣어주는 소중한 계기가 된다.

자신의 아기를 남의 손에 맡기기로 이미 결정한 당신은 베이비시터가 어떤 자격을 갖추기를 바라는가. 아마도 제일 기본적으로 검증할 수 있는 방법을 최대한 이용해야 한다는 생각이 들 것이다.

왜 엄마는 깐깐해야 하는지를 알았을 것이고 앞서 내가 '뛰는 놈 위에 나는 놈'이란 말을 왜 했는지, 어떤 식으로 어떻게 왜 날아야 하는지도 알았을 것이다. 스스로 판단할 수 있는 안목이 생겼기를 바란다.

건강과 안전의 중요성을 꼭 기억하자

건강검진의 필요성

최근 들어 어린이집 코로나19 집단 감염 사태 등이 발생하자 어린이집에 보내는 아기 엄마들의 불안이 고조되고 있다. 어린이집에 근무하는 교사와 종사자는 여느 다른 분야의 직종보다 감염병 관리에 철저히 신경을 써야 한다. 그럼에도 이를 소홀히 한 결과는 죄 없는 어린아이들에게 치명적이다.

특히 집단 생활을 하는 어린이집은 사소한 위생관리라도 큰 위험에 노출되어 심각한 집단 감염으로 이어질 수 있다. 이와 같이 어린이집의 위생과 감염병 관리에 대한 신뢰를 바탕으로 아이를 맡기는 아기 엄마들은 황당한 사건을 접할 때마다 관련 기관이나 종사자에게 배신감을 느끼지 않을 수 없다.

특히 코로나19 상황은 다른 어느 때보다 아이들의 건강관리에 관심을 기울여야 하며 이를 방심하면 참혹한 결과가 초래될 것이다. 한두 사람의 잘못으로 인해 그 피해는 일파만파 눈덩이처럼 불어나서 아이와 더불어 아이 엄마의 고통은 그 무엇으로도 보상받을 수 없을 만큼 힘든 상황으로 내몰릴 수도 있다.

이런 예도 있다. 2020년 11월 26일 부산 산후조리원 간호조무사 결핵 사건의 피해자 엄마가 청와대에 올린 국민청원 글을 올린 적이 있는데, 내용 또한 경악할만 했다.

2020년 1월 14일에 개정된 감염병의 예방 및 관리에 관한 법률 개정안은 신생아실에 종사하는 모든 직원이 잠복결핵 검사를 받도록 명시되어 있다. 그러나 해당 조리원은 기본 의무를 위반한 간호조무사가 결핵에 걸려 수백 명의 신생아가 감염 위험에 노출되었다. 이는 산모와 신생아를 안전하게 돌보는 것은 사회적인 책임이며 국가의 의무지만 정부의 산후조리원 정책이 얼마나 소극적인지를 보여주는 경우다.

산후조리원에서 신경 써야 할 대표적인 감염병은 호흡기세포융합바이러스(RSV, Respiratory Syncytial Virus)와 로타바이러스 감염증이다. 일단 발병하면 집단 감염으로 이어질 수 있는 이 감염증은 주로 산후조리원, 신생아실 등에서 발생하기 때문에 해당 시설과 종사자를 중심으로 감염 관리를 철저히 강화해야 한다.

그러므로 산후조리원을 선택할 때 해당 조리원이 위생관리와 감염병 예방에 대해 얼마나 철저하게 수칙을 지키는지 반드시 점검하고 결정해야 한다. 이와 마찬가지로 베이비시터를 구할 때도 건강검진은 필수다.

필수 검사: 결핵, 에이즈, B형간염, 백일해

베이비시터를 채용할 때 아기 엄마들이 감염병을 예방하고 차단하기 위해서 확인해야 할 사항이 건강검진 서류다. 아기를 직접 돌보는 베이비시터의 건강검진 증명서류는 아기 엄마가 요구해야 할 당연한 권리고 시터로서는 제출해야 하는 당연한 의무다. 이는 아기의 건강에 결정적인 영향을 미치는 사항이므로 요구하는 것에 주저하거나 제출하는 것에 기분 나빠 하는 태도와 마인드는 서로에게 있어서는 안 되는 기본사항임을 잊지 말자.

검증된 업체나 정부 돌보미 등은 소속 기관에서 이에 대한 증빙서류를 확인해줄 것이고, 개인 간 직거래를 통한 채용은 당연히 요구해야 할 정당한 권리다. 개인 간에 지인을 통해서 소개받았을 때도 고민해야 할 내용은 결코 아니다. 그만큼 베이비시터의 건강은 중요한 사안이다.

사전에 예방이 얼마나 중요한지 위 사례에서 살펴본 바와 같이 중요한 사항임을 인지하였을 것이다. 가끔 맘카페에서 개인 간 거래나 지인 소개의 경우 건강검진 서류를 요구한다면 상대방이 기분 나빠 하지 않을까 하며 고민을 상담하는 아기 엄마의 글을 접하는데, 다른 어떤 것보다 절대 양보할 수 없는 부분이 바로 베이비시터의 건강검진 서류라는 걸 명심해야 한다.

병원이나 보건소에서 받는 건강검진으로는 결핵, 에이즈, B형간염 검사가 있으며 백일해 접종도 요구할 수 있다. 백일해 예방접종은 항체를 위해 임산부뿐만 아니라 아기의 건강관리를 위하여 아기를 접촉하는 대상인 아기 아빠, 조부모, 베이비시터 등을 상대로도 예방 접종을 하는 추세다. 백일해 접종은 필수는 아니지만 신생아에게 감염되면 호흡곤란으로 인한 폐렴이나 저산소증으로 경련이나 뇌손상 그리고 심하면 사망에 이르기도 한다는 사실을 기억해야 한다.

안전사고도 미리미리 체크하자

건강관리와 더불어 아기를 돌볼 때 중요한 체크 사항이 아기의 안전사고에 대한 문제다. 아기가 자라는 발달 과정에 따라서 활동성이 커지면서 안전사고의 위험이 도사리고 있기 때문에 이를 예방하고 차단해야 한다.

몇 년 전에 베이비시터가 아기를 돌보는 과정에서 아기의 손가락 힘줄이 끊어지는 불행한 상해 사고를 낸 적이 있다. 아기가 재수술을 해야 할 수도 있고 손가락 기능의 이상과 흉터 역시 남게 되는 사고라서 워킹맘 입장에서 아기에게 평생 죄책감을 가지고 살아가야 할 상황이었다. 다행히 해당 베이비시터는 배상책임보험에 가입한 업체에서 파견한 경우라서 치료비는 배상책임보험으로 해결할 수 있었다.

그러나 이 경우는 치료비가 문제가 아니고 보험으로 보상되지 않는 아기와 부모의 정신적 손해보상까지 생각해야 한다. 즉, 베이비시터의 과실에 대한 책임이 보험처리로 전부 면제되지 않는다는 얘기다. 이는 사안이 커지면 민사소송을 통해 추가로 손해배상 청구 소송까지 하는 경우도 발생한다. 검증된 업체라면 책임배상 보험을 의무적으로 가입하고 있으며 직거래 사이트도 일부는 배상책임보험에 가입되어 있기도 하다. 안전사고는 예방이 최선이지만 예기치 못한 일이 일어날 경우를 대비해서 베이비시터를 선택할 때 반드시 배상책임보험에 가입했는지를 체크해야 한다.

미리 준비가 되어 있으면 우환을 당하지 않는다는 '유비무환'을 생각해보자. 워킹맘이라면 베이비시터 채용을 결정할 때 근심을 줄이고 걱정을 없애는 방법이 무엇인지를 꼼꼼히 체크하여 준비하는 엄마가 되어야 한다.

하늘의 별 따기 같은
어린이집, 영아원 입소

어린이집 입소는 이렇게

우리나라 국공립 어린이집 입소는 임신해서 태명을 지을 때 대기 신청을 해야 한다는 말이 있을 정도로 하늘의 별 따기만큼 어렵다. 2020년 4월 29일 기준 보건복지부에 따르면 어린이집 수가 2005년 대비 2019년 말 31.7퍼센트 증가했고, 어린이집 종사자 수는 2005년 대비 2019년 말 2.4배가 증가했다. 보육교직원 수가 증가한 것은 어린이집 수가 크게 늘어나고 보조교사 지원을 확대한 것이 주요 원인이다.

워킹맘 대신 사랑과 정성으로 아이를 보육해줄 수 있는 어린이집을 선택하는 것은 베이비시터를 찾는 것 이상으로 중요한 일이다. 워킹맘은 전업주부에 비해 선택의 폭이 좁기 때문에 더 많은 정보를 수집해야 하고 안테나 귀를 세워야 하며 발품도 더 많이 팔아야 한다.

어린이집은 주로 오전 9시 등원, 오후 2시 하원이 기본이기에 아이를 하원 후에 베이비시터에게 맡길 상황이 안 될 경우 종일반 또는 시간 연장이 가능한 어린이집을 선택할 수밖에 없다. 따라서 자신이 원하는 조건에 부합하는 어린이집을 선택해서 원하는 시기에 입소할 수 있도록 철저한 준비와 계획을 세워야 한다.

안녕하세요. 11개월 딸아이를 키우는 육아 휴직 중인 초보맘입니다. 서울 ○○동에 거주하고 있습니다. 저희 동네가 재개발 지역이라 아기 엄마들이 많은건지 단지 내 어린이집이 모두 대기 번호가 뒷번호예요. 국공립은 70번, 가정집 어린이집은 정원이 20명인데 27번, 가까운 아파트 국공립은 90번대예요. 가능성이 전혀 없어 보여요.

출산 전부터 건강이 안 좋아서 육아 휴직을 일찍 시작해서 15개월째 육아 휴직 중인데 보낼 수 있는 곳이 없어 휴직을 몇 개월 더 연장해야 하거든요. 어떻게 해야 할지 방법을 못 찾겠어요. 한 가지 방법은 대기 인원이 적은 직장에서 가까운 어린이집에 보내는건데 출퇴근하면서 데리고 다녀야 하는 게 걱정입니다. 조언 좀 부탁드려요.

이 아기 엄마는 어떤 이유로 대기가 이렇게 뒷자리 순으로 밀려났을까를 생각해보자. 대부분 발 빠른 아기 엄마들은 어린이집 입소를 위해 출산 전부터 어린이집에 대한 사전 정보와 지식을 습득하고 출생신고와 동시에 어린이집 대기 신청을 한다. 그렇다보니 정보가 없거나 느긋한 아기 엄마들은 비교적 뒤늦게 대기 신청을 하기 때문에 뒤로 밀리는 경우가 많다.

또 다른 이유로는 신도시나 뉴타운처럼 신혼부부가 많은 지역이라면 대기 인원이 많을 수밖에 없다. 이런 경우는 출생 후 바로 신청을 해도 국공립 어린이집은 2~3년이 소요되기도 하고 순번이 아예 돌아오지 않기도 한다. 이 또한 케이스 바이 케이스여서 운이 좋으면 대기 인원이 적어 입소 확정 연락이 올 수도 있다. 어린이집 입소대기 신청 절차와 방법, 착안해야 할 사항은 다음과 같다.

입소대기 신청

나라에서 운영하는 임신육아종합 포털사이트 '아이사랑(www.childcare.go.kr)'을 통해서 신청한다. 앱스토어에서 어플을 다운받아 설치할 수 있다. 신청은 다음과 같은 순서로 이루어진다.

1. 어린이집 메뉴: 입소대기 클릭(안내문 참고: 입소 순위가 1순위에서부터 3순위까지 참고)
2. 입소대기 아동 등록(아이디 로그인)
3. 어린이집 검색 선택(시·도와 시·군·구 체크해야 검색 가능, 사전 정보 수집 필수)
4. 예약 신청(재원 중이면 두 군데 신청 가능, 미재원이면 세 군데까지 신청 가능)
5. 입소 대상자 확정(순번이 오면 어린이집에서 확정 전화 통보)
6. 입소 우선순위 자료 제출(각종 서류 및 입소에 따른 절차 및 준비)

7. 아동 입소 처리

입소대기 주의사항

1. 출생신고와 함께 보내고 싶은 어린이집에 입소대기 신청을 해야 한다. 한 곳에 입소하면 다른 건의 대기는 7일 이내에 연장하지 않으면 자동으로 삭제 처리된다. 연장 신청은 아이사랑 홈페이지 입소대기 신청현황에서 확인할 수 있다. 삭제된 신청 내용은 3개월까지 복구 가능하다.
2. 어린이집 입소가 확정되면 주민센터에 가서 양육수당을 어린이집 보육료 지원으로 변경한다.
3. 아이가 가정 어린이집을 다닐 경우 가정 어린이집은 4세까지여서 5세가 되면 옮겨야 한다. 유치원은 추첨제라서 입소가 어려울 경우를 대비해서 큰 공립이나 기관의 어린이집 입소대기 신청을 해야 한다. 대기 순번에 선택의 여지가 많으면 사전에 어린이집 선택 시 아동 정원 숫자와 보육교사 수, 1급 정교사 자격이 많은지, 평균 근속연수와 선생님이 자주 바뀌는지를 확인하고 어린이집 평가 등급 A로 선택한다.
4. 확정 후 어린이집 상담시간은 등하원 시간을 피해서 가능한 한 아이와 함께 방문하여 아이들 간식과 점심시간, 조리시설과 청결, CCTV 개수, 사각지대 여부, 원장 교육철학, 커리큘럼, 특별활동 교구활동 등을 확인한다.
5. 입소등록 신청은 연중 수시로 가능하지만 직장, 협동 어린이

집은 제외된다. 대상 아동은 0세부터 만 5세까지이며, 경기도의 0세아 전용 어린이집은 입소월 기준 생후 18개월까지 영아만 입소할 수 있다.

종일반 어린이집을 선택할 때

워킹맘은 종일반 어린이집을 선택할 때 신중해야 한다.

국공립 어린이집인데 대기자 수가 적은 곳은 만 2세까지만 보육하는 영아 전용 어린이집일 경우가 많다. 또 시간 연장이 필요한 경우가 많다면 연장하는 아이들이 얼만큼 있는지도 확인해야 한다. 왜냐하면 내 아이만 외롭게 혼자서 남아 있을 상황이 있을 수 있기 때문이다.

어린이집은 7세까지 보낼 수 있고, 좀 더 교육적으로 체계적인 커리큘럼을 배우게 하고 싶다면 굳이 유치원에 보낼 필요는 없겠지만 입학도 고려해볼 수 있다. 이 모든 것은 엄마가 아이의 성향과 상황을 고려해서 최선책을 찾는 노력을 해야 한다. 새 학기가 다 되거나 복직 시기가 다 되어서야 준비 없이 허둥대는 워킹맘이 되어서는 안 된다. 발품을 팔고 직접 방문하고 정보를 수집해야 하며, 이외에도 지역 맘카페나 주변의 학부모 등 여러 방법을 동원해 최대한 알아보고 선택하면 좋다.

일단 아기가 태어나자마자 국공립 어린이집에 대기 신청하는 것이 첫 번째 순서임을 잊지 말자. 물론 국공립이 당신의 아기에게 최고의 어린이집이 된다는 보장은 없다. 그러나 많은 엄마가 원한다는 것은 뭔가 특별한 점이 있다는 거 아닐까. 입소 후 적응이나 마음에 안 드는 문제들은 차후에 결정할 일이다.

우선은 원하는 시기에 입소하는 것이 가장 중요한 과제이자 목표다. 사전에 똑똑하게 그리고 발 빠르게 준비하고 결정해서 확정까지 받는 워킹맘이길 바란다.

3장

내 아기에게 꼭 맞는 베이비시터 찾기

착각하면 안 된다
가사 시터가 아니다

구인 조건의 기준을 정하라

"마지막으로 저희 부부 퇴근하면 저녁식사 차려주고 퇴근하시면 됩니다."

베이비시터 구인구직 직거래 사이트에 올라온 구인글 내용 중 일부다. 베이비시터를 채용하려는 근본 취지와 목적이 무엇일까? 이를 망각하고 혼동함으로써 벌어지는 다양한 문제때문에 베이비시터 채용에 실패한다는 걸 생각해보았는가. 오로지 내 아기를 위한 이상적인 베이비시터를 찾는다면 어떤 지혜를 가지고 구인 기준을 삼아야 할까.

엄마로서 시터를 구할 때는 팩트체크를 분명히 할 필요가 있다. 완벽하게 내 아기만을 케어하고 사랑해줄 수 있는 베이비시터를 원한다면, 부부가 퇴근 후 저녁식사까지 차려주길 바라는 게 맞는지 한번쯤 생각해봐야 하지 않을까. 어떻게 한시도 눈을 뗄 수 없는 아기를 보면서 어른의 저녁식사 준비까지 할 수 있겠는가. 엄마 본인도 주말에 육아와 집안일을 함께 하는 게 얼마나 어려운지 알 것이다. 아마도 아기 아빠가 아기 보는 일을 분담해서 집안일을 했으리라.

엄마는 내 아기를 위해 최선을 다하는 것만으로도 베이비시터에게 진심으로 감사하는 마인드를 가져야 한다. 아기를 돌보는 것 이외의 가사를 해주기를 바라는 것은 잘못된 생각임을 알아야 한다. 만약 시터가 다른 가사일 때문에 잠시 아기 보는 일을 소홀히 하다가 아기가 다치기라도 한다면 어떻게 할 것인가. 누구를 탓할 것인가. 이 문제는 누구의 잘잘못을 떠나 근본을 망각한 엄마의 책임이다.

산후도우미와 베이비시터

요즘은 출산 후 조리원에서 3주 내지는 4주간 엄마와 아기가 함께 지내는 게 일반적인 코스가 되었다. 이 시기의 아기 엄마들은 조리원 생활이 천국이라고 이구동성으로 말한다. 그렇게 편히 쉬고 조리원을 나오면 대부분 산후도우미를 채용한다. 산후도우미는 단기간 아기와 엄마를 동시에 케어하며, 형식은 출퇴근이나 입주 근무다. 조리원 비용 못지않게 지출이 크지만 단기간이라서 신생아에 아직 서툰 아기 엄마들은 이를 기꺼이 수용한다.

신생아 시기에는 깨어 있는 시간보다 수면 시간이 대체로 길기 때문에 산후도우미가 아기와 동시에 엄마를 케어할 수 있다. 즉, 엄마의 식사와 기타 가사를 할 수 있는 시간적인 여유가 충분하다.

아기 엄마들이 베이비시터를 찾는 시점은 산후도우미와의 계약이 끝날 무렵부터다. 이때 복직을 앞둔 워킹맘을 비롯하여 엄마들이 베이비시터 구인에 나서는데, 종종 산후도우미와 베이비시터의 기준을 구분 못하는 경우가 있다.

아기는 자라면서 수면시간이 짧아지고 깨어 있는 시간이 점차 많아서 수시로 안아주고 놀아줘야 한다. 따라서 엄마를 케어하거나 다른 일을 할 시간적인 여유가 없다. 이런 변화를 인지하고 베이비시터 구인에 참고하여 업무 범위를 계획 한다면 크게 무리가 없을 것이다.

산후도우미는 단기간 집중적으로 일을 하지만, 베이비시터는 아기와 함께 장기간 함께 하는 파트너라는 점이 무엇보다 중요하다. 아기가 자라면 체중이 늘고 수면시간도 짧아지면서 신생아 위주로 케어한 산후도우미는 장기간 일하는 걸 힘들어한다. 아기를 돌보는 것과 가사를 동시에 하는 건 매우 부담스럽고 힘들기 때문에 산후도우미는 대부분 3개월 이상 되는 영아는 기피하는 경향이 많다.

어린이집을 가기 시작했다면 종일제 베이비시터를 채용해서 아기가 하원 전까지는 가사를 하고 하원 후에는 아기 케어를 할 수 있도록 채용 계획을 세우는 것을 추천한다.

물론 경제적으로 여유가 있어 산후도우미와 베이비시터, 가사시터의 채용 비용을 걱정 안 해도 되는 가정이라면 문제되지 않겠지만, 대부분 현실적으로 그렇지 않기 때문에 갈등하고 고민할 수밖에 없다.

일부 엄마들의 베이비시터 채용 후 일어나는 갈등과 불만은 베이비시터와 가사시터를 구분하지 못하고 가사를 기대하는 부분에서 빈번하게 일어난다. 결국은 상호관계가 틀어지고 베이비시터 채용이 실패로 이어진다는 걸 알아야 한다. 베이비시터 구인 내용에 아기 케어와 가사까지 포함하는 내용을 종종 볼 수 있는데 이런 구인은 어린이집 가기 전의 아기를 둔 워킹맘이라면 가능하면 피해야 한다.

정말 직장때문에 가사가 힘들다면 파트타임 가사시터 채용을 추천한다. 가사시터에게 마트의 식자재 구입부터 청소와 식사 준비 등을 맡기면 얼마나 깔끔하고 명쾌한 구분인가. 하루 2시간, 격일로 2시간, 주 2회 4시간 등 경제 사정에 맞게 계획을 세워보는 방법을 추천한다.

당신의 베이비시터가 가사때문에 아기를 소홀히 해도 괜찮은가! 본인의 욕심을 고집하고 있는 것은 아닌지 들여다보라. 스스로 사고 체계가 어떻게 작용하고 현실을 이해하고 있는지 점검할 때다. 당신의 생각이 항상 옳다는, 닫혀 있는 사고의 오류를 범하고 있지는 않은가. 이 질문들은 베이비시터 채용을 계획하는 엄마라면 깊이 생각할 문제다.

현실적으로 접근해보자. 베이비시터의 근본 업무가 무엇인가. 아기를 케어하는 시터인가, 엄마의 가사 일손을 도와주는 시터인가. 극히 단순하게 내 아기를 위한 구인을 해야 한다.

내가 현시점에서 베이비시터를 구하는 근본 목적이 무엇인가. 오직 내 아기를 위한 베이비시터를 구한다는 그 일념으로 계획한다면 훌륭한 베이비시터 채용에 반드시 성공할 것이다.

첫 인연의 끈을 잘 설정해야 한다

첫 인연이 중요하다

인연이란 아무리 애타게 끌어당겨도 마음대로 오지 않는 것으로 억지로 되는 게 아니다. 당연하게 생각했던 인연이 예상 밖으로 어긋나기도 하며, 잠깐 지나쳐 가는 인연도 있고, 전혀 예기치 못한 방향에서 평생 함께 갈 수 있는 인연이 다가올 수도 있다.

수많은 사람 속에서 나와 연결되는 끈은 누군가에게 닿아 있기 마련이다. 만약 그 끈을 따라 함께 걸어가면 되는 것이다. 하지만 어떤 인연이 짧은 끈인지, 긴 끈일지는 누구도 알 수 없다. 중요한 건 그 인연의 끈이 길든 짧든 첫 끈을 잘 동여매야 한다. 베이비시터와의 첫 인연, 첫 단추를 어떻게 잘 끼워야 할까. 참 어려운 솔루션이다.

주 양육자를 바꾸는 상황인데 마음이 약해져서도 안 되고 갇혀 있는 사고로 주관적인 판단을 해서도 안 된다. 상대방이 자신과 같은 사고를 가졌다는 생각에 오류를 범하는 일도 없어야 한다. 아주 깐깐하게 판단하되 상대방은 당신과 다름을 인정해야 한다. 상대방이 다르다는 사실을 인정하는 순간, 당신의 눈은 최고의 시력을 유지할 것이다. 그리하면 서로가 이해하는 폭도 넓어질 수 있을 것이다.

어느 워킹맘이 베이비시터와의 인연에 대해 쓴 글을 보고 공감한 적이 있다. 큰아이가 초등학교 1학년인데 아마 4년 전부터 인연이 시작된 것 같았다. 큰아이가 초등학교 입학할 때 아기 엄마보다 베이비시터 분이 더 떨려 하셨다는 글에 울림이 참 컸다. 이런 인연이 모든 워킹맘에게 주어지면 얼마나 행복한 일이겠는가. 가장 이상적인 인연은 첫 베이비시터와의 인연을 초등학교 입학까지 이어가는 것이다. 아기나 엄마에게는 최고로 바람직한 행운의 인연이다.

어떻게 하면 내 아기에게 양육자의 잦은 교체로 인한 충격을 줄일 수 있을까. 더구나 출산 후 복직을 앞둔 워킹맘이라면 더 무거운 숙제가 되어 어깨를 짓누를 것이다.

베이비시터와의 첫 인연이라면 꼭 장기적인 계획을 염두에 두고 채용 계획을 세워야 한다. 무조건 첫 인연을 장기로 해야 한다는 것은 아니다. 복직 전 한 달 내지 두 달을 앞두고 철저한 기준대로 베이비시터를 골랐는데 확신이 안 서는 경우라면 단기간 합동근무도 고려해보는 것을 추천하고 싶다. 한 사람당 일주일이면 충분하다고 본다.

5년이 넘는 긴 미래를 위해 일주일이란 시간은 짧을 수도 있지만 함께해보라. 답을 찾을 수도 있다. 이때 유의할 점은 단기 근무하는 시터의 기분이 상하지 않도록, 즉 테스트를 당한다는 기분이 들지 않게 해야 한다. 단기 근무 신청의 타당한 이유를 대고 같이 근무해보라. 아마 하루, 이틀만 함께해도 느낌과 확신이 올 것이다.

시터로서 자질이 부족한 사람은 단기 서비스 근무라고 시간을 대충 때우는 성향이 나타날 수도 있다. 사람은 겪어봐야 안다고 한다. 첫인상, 경력 등 모든 조건이 내게 맞아떨어져도 내 생각과는 다르게 전개되어가는 게 관계다.

합동 근무를 하다 보면 정말 '이 사람이다' 하는 사람이 분명히 있을 것이다. 그 사람이 바로 당신이 찾고 있는 베이비시터다. 그 사람은 당신과 긴 미래를 함께해야 하는 첫 인연, 바로 당신의 베이비시터임에 틀림없다.

확신하고 결정했으면 온갖 방법을 동원해서 그 사람과 첫 인연을 맺기 위해 올인하라. 내 아기를 위함인데, 내 아기의 미래를 좌우하는 갈림길에서 당신이 할 일은 오직 한 가지뿐이다. 속된말로 바짓가랑이라도 붙들고 늘어져야 한다.

우리 아기의 첫 베이비시터

영유아의 애착 형성 시기는 6개월경부터 시작한다고 본다. 가능하다면 주 양육자를 36개월 전까지는 바꾸지 않아야 아기의 안정적 애착 형성이 자리를 잡는다고 한다.

그 시기가 아기에겐 뇌의 발달을 비롯해서 신체적, 정신적 발달에 중요한 영향을 미치는 시기이기 때문이다. 아기마다 일종의 기질이라고도 불리는 특성이 있는데 이는 제각기 다르다. 아기의 기질에 따라서 분리 불안을 심하게 느끼는 아기가 있는가 하면, 전혀 그렇지 않은 아기도 있다. 아기들은 분리 불안을 심하게 겪을 때 낯을 많이 가린다. 분리 불안은 엄마와 애착 형성이 된 아기들에게 나타나는 정상적인 현상이다.

가끔 어른이나 아기에게 '시크하다'는 표현을 쓰는 경우가 있다. 정말 쿨한 성격으로 안정적인 심리를 기반으로 해서 나타나는 행동이면 더할 나위 없이 좋은 성격이다. 그러나 아기가 엄마가 눈에 보이든 안 보이든 무표정하고 반응이 없는 경우라면 잘 살펴봐야 한다. 아기가 심리 저변에 어떤 상처를 가지고 있어 나타나는 중요한 행동일 수 있기 때문이다.

애착 형성은 영유아심리, 아동심리, 청소년심리, 연애심리, 더 나아가서 대인관계까지도 심리적, 정서적으로 결정적 영향을 미친다. 유아기에 형성되는 애착은 미래에 한 인격체를 완성하는 자아 형성의 근본이 된다. 이렇게 아기의 미래까지 지배적인 영향을 미치는 안정적 애착 형성은 주 양육자로부터 형성된다는 사실을 알아야 한다. 아기에게 가장 훌륭한 주 양육자는 두말할 것 없이 엄마다. 주 양육자인 엄마에 의해서 정서적으로 안정감을 갖는 아기는 신체적, 지능적으로 순조롭게 발달 과정대로 자라난다.

전업주부의 육아라면 주 양육자에 대해서 고민할 이유가 없지만, 워킹맘이나 그 외 다른 이유로 주 양육자의 자리를 내어주어야 한다면 이는 아기에 있어서 아주 중요한 시기의 기로에 서 있다고 봐야 한다. 즉, 양육자를 대리하는 베이비시터가 얼마나 중요한지 아기 엄마들은 늘 염두에 두어야 한다. 그러므로 베이비시터의 잦은 교체는 아기에게 불안정한 애착과 상처로 연결된다는 것을 인지해야 한다. 따라서 이를 사전에 차단하고 최소화하는 노력을 해야 하는 일이 엄마의 의무이자 책임일 것이다.

인터뷰는 많이 할수록 유리하다?

인터뷰하기 전에 필요한 준비사항

사람이 한 인격체를 판단한다는 일은 참으로 어려운 일 중 하나다. 더구나 자신이 주도권을 가진 입장이라고 착각하고 상대의 단편적인 면만 접한 후 주관적으로 판단하는 것은 심각한 오류를 동반하는 어리석은 짓이다. 그러니 적어도 자신이 어떤 상황에서 상대를 판단해야 할 처지라면 다양한 방법으로 모든 경우의 수를 생각하고 검증할 방법을 동원해야 한다.

더구나 본인이 나르시스트 경향이 강하다면, 자신이 저지르는 오류는 때론 본인에게 치명적 결과로 되돌아오는 경우도 있다. 상대방은 안중에도 없고 오로지 자기 위주로 살아가는 사람은 어떤 특권의식에 사로잡혀서 모든 상황을 자기에게 유리하게 생각하는 아주 위험한 생각에 빠질 수도 있다. 그들이 주장하는 내용은 자기 중심적인 사고지만 아이러니하게도 자신의 의견이 논리적이며 합리적이라고 어필하는 위험한 착각에 빠진다.

베이비시터의 인터뷰는 남의 손에 아기를 맡겨야 하는 한 가정의 인륜지대사이기에 그야말로 고도의 선택과 집중이 필요하다. 인터뷰는 여러 채널에서 진행할 수 있지만 그중 비중을 많이 차지하는 게 플랫폼을 통한 온라인 직거래 구인과 비교적 검증이 된 업체 이용의 두 방법으로 크게 나눌 수 있다.

사전에 검증리스트를 작성하라

베이비시터를 구인할 때 직거래 구인구직 플랫폼을 이용하는 경우는 검증의 어려움 때문에 갑론을박이 가장 뜨겁다. 어떤 아기 엄마는 무려 40회 인터뷰를 했다는 둥 결국 나중에 지쳐서 판단 기준까지 흐려져 대충 채용한 결과 실패했다는 푸념도 있었다.

그 엄마는 어떤 조건과 기준을 가지고 인터뷰를 진행했을까. 좋은 베이비시터를 구하려면 인터뷰를 가능한 한 많이 해야 한다는 게 맘카페에서의 주된 의견이다. 그렇게 많은 인터뷰를 하고 마지막으로 결정해서 채용한 베이비시터가 과연 성공한다는 보장이 있을까.

대기업 임원도 인재를 뽑는 과정에서는 매번 고민하고 어려움을 느끼는데, 하물며 경험이 없는 아기 엄마가 많은 횟수의 인터뷰를 올바른 판단으로 감당해낼 수 있을지 한번쯤 깊이 생각해볼 문제다. 사람이 사람을 상대로 특정인을 선정한다는 것 자체가 참으로 어려운 일이다.

베이비시터 구인 폼 조건에 급여가 높거나 근무조건이 좋으면 수십 명이 구직 신청을 해온다. 이 경우 다수이기 때문에 문자메시지로 받는 게 1차 필터링 작업에 유리하다. 몇십 명을 상대로 대면 인터뷰 계획을 세우기는 무리다. 그러한 체력과 시간이 있다면 차라리 철저한 사전 준비로 걸러내는 작업을 해보자.

무엇부터 어떻게 검증해야 할지 자신이 찾는 조건과 기준을 리스트로 작성해보자. 준비가 되었다면 1차, 2차, 3차에 걸쳐서 자신의 기준에 적합한 지 알아보자. 특히나 직거래 온라인으로 구인하는 경우는 검증에 한계가 있어서 사전 준비는 필수다. 시터 입장에서도 아기 엄마에 대한 검증이 필요하겠지만, 우선 구인만을 생각해보자. 마음은 급하고 어떤 정립된 폼과 기준도 없다면 불안하고 답답하고 막연한 생각으로 혼란스러울 것이다.

그럴수록 하나둘씩 차근차근 자기만의 인터뷰 리스트를 집중해서 작성해보자. 어떤 점을 중점적으로 체크해야 할지, 어떤 베이비시터를 자신이 원하는지, 정확한 기준을 정하고 실행에 옮겨야 한다. 일단 1차 문자메시지에서 고른 대상을 상대로 2차 전화 인터뷰를 진행해야 한다. 전화상으로 100퍼센트 판단이 어렵지만, 대부분 자신이 찾는 시터의 그림과 어느 정도 부합되는 느낌이 올 것이다. 전화 너머에서 들려오는 목소리에서 상대방의 품격과 더 나아가서는 인성도 가늠할 수 있기도 하다.

이렇게 전화 통화를 하면서 2차로 고른 대상을 상대로 3차 대면 인터뷰를 진행해보라. 인터뷰를 진행할 때는 혼자서 하는 것보다는 아기 아빠 또는 조부모가 동석해도 좋다. 조부모는 연륜이 있기 때문에 도움이 많이 될 것이다.

인터뷰할 때 꼭 체크해야 하는 것들

다음은 인터뷰할 때 해야 하는 체크사항이다. 먼저 신분을 확인해야 한다. 신분증, 주민등록등본, 가족관계 증명서를 통해 확인할 수 있으며 업체 추천이 아닌 경우 신분 확인은 필수다. 그리고 경력 및 최근 근무지 정보를 요청하면 좋다. 일했던 곳의 연락처도 함께 알려달라고 하면 추가 정보들을 더 얻을 수 있을 것이다. 이외에도 육아에 대한 가치관, 업무에 대한 자긍심, 취미, 좋아하는 음악, 책, 인물 등 성향을 파악할 수 있는 것들을 물어보면 좋다. 자녀나 손자 육아 경험이 있는지도 꼭 체크해보자.

또 중요하게 체크해야 하는 것은 출퇴근 소요 시간 및 시간 관념에 관한 것이다. 이외에도 건강검진 진단서를 통해 건강 상태를 체크하고, 체력에 관한 질문도 하는 것이 도움이 된다. 아울러 위생 관념, 자기관리 정도, 밝고 긍정적인 사고, 책임감과 육아에 대한 사명감, 적성 등 다양한 것을 물어보는 것이 좋다.

좀 더 깐깐해져도 괜찮다

처음 베이비시터를 채용하는 아기 엄마 중 실패 확률을 최대한 줄이고 비교적 검증된 대상을 상대로 인터뷰를 진행하고 싶다면 회원제 업체를 이용할 것을 추천한다. 업체에서 매칭해주는 시터는 소정의 교육을 받거나 시터 자격증을 소지하고 있고, 신원 등이 검증되어 있다. 또 아기 엄마가 원하는 기준에 맞는 시터를 고려해서 인터뷰 대상을 선정해준다. 즉, 아기 엄마가 애써서 걸러야 할 단계를 거치지 않아도 된다는 얘기다. 이미 업체에서 여러 사항을 고려해서 고객에게 적당한 베이비시터 후보와 대면 인터뷰 날짜를 잡아준다.

이때 주의할 것은 인터뷰 대상을 요청할 때 정확하게 준비된 기준으로 요청하는 것이다. 업체에서 추천해준다고 무조건 인터뷰 진행을 하지 말 것을 권한다. 그야말로 깐깐하게 보일 필요성이 있다는 얘기다. 이는 당연한 권리다. 그에 따라 업체도 시터를 선정할 때 한층 더 신중하게 골라서 매칭하기 위해 노력할 것이다. "어떤 베이비시터가 있나요?"보다 "이러이러한 조건의 시터를 원한다"가 맞다.

모든 업체에는 에이스 시터가 있다. 그러나 에이스 시터는 좀처럼 구인하기 힘들다. 이미 투입되어 근무 중일 때가 많지만 기간을 좀 두고 미리 구인 신청을 해두면 매칭되는 기회를 얻을 수 있다. 그리고 업체를 통한 인터뷰라도 자신이 세운 기준으로 꼼꼼하게 체크하고 진행해본 결과 자신과 맞지 않으면 다른 시터를 요구해야 한다.

거절하는 게 힘들어서 맘에 덜 들지만 업체를 믿고 채용한다? 이런 어리석은 결정은 하지 말아야 한다. 어떤 점이 맘에 안 든다고 솔직하게 얘기하고 다시 인터뷰를 진행하는 게 맞는 순서다. 까다롭다고 소문나도 신경 쓰지 말라. 내 아기를 위한 제2의 양육자를 결정하는 일이 어찌 그리 쉽겠는가. 인내를 가지고 차근차근 진행하다 보면 나와 맞는 인연을 찾을 수 있을 것이다.

인터뷰 마인드, 서로가 '갑'이다

혹시 시터 인터뷰를 할 때 갑의 마인드로 임할 생각인가? 간혹 인터뷰 후 아기 엄마는 맘에 들어 채용을 제의하지만 막상 시터 쪽에서 캔슬했다며 볼멘소리로 하소연하는 글을 본다. 인터뷰 후 마음이 바뀌었다는 둥 시터가 약속을 어기고 조건이 좋은 곳으로 갔다는 둥 자신의 입장만을 고수한다. 물론 시터가 약속을 했다가 번복하는 경우도 있을 것이다. 그러나 한번쯤 '왜?'라는 의문점을 가져보라.

대부분 엄마들이 시터 면접을 일방적인 고용주 입장에서 진행한다. 인터뷰 후 채용하고 싶은 시터가 100퍼센트 당신과 함께 일하고 싶을 만큼 과연 당신은 준비가 되어 있는지를 돌아보라. 자아의식과 자존감이 강하고 가치관이 뚜렷하게 서 있는 베테랑 베이비시터라면 채용 의사를 거부하는 충분한 이유가 있을 것이다.

왜 인터뷰를 고용주만 특권의식을 가지고 결정해야 한다고 생각하는가. 인간관계는 늘 상대성이 존재한다. 베이비시터도 상대를 인터뷰할 권리가 있다는 걸 인정해야 한다. 즉, 일방적이라는 개념을 버려야 한다. 베이비시터 입장에서도 오래 근무할 아기를 찾으려면 아기 엄마를 반드시 체크할 필요가 있다는 걸 깨달아야 한다.

베이비시터 인터뷰는 어느 한쪽이 갑도 을도 아니다. 즉, 인터뷰는 쌍방이다. 길은 반드시 있다. 준비된 엄마는 반드시 진흙 속에서 진주를 찾을 수 있을 것이다.

경력 많은 베이비시터
내 아기에게도 베테랑일까?

베이비시터의 나이는 얼만큼 중요할까

다음은 맘카페에서 흔히 접하는 아기 엄마들의 고민 내용이다. 당신이라면 어떤 결정을 내리겠는가?

저는 한 달 후 복직을 앞둔 생후 80일 아기를 둔 엄마에요. 현재는 산후 도우미분이 근무 중인데, 도우미분은 베이비시터가 결정되면 그만두는 상황이라서 복직 전에 베이비시터를 구하고 있어요. 두 분 중에서 결정해야 하는데 조언 좀 부탁드려요.

한 분은 나이 50대 중반, 시터 경력 7년. 최근 그만둔 곳의 아기 월령이 36개월이고요. 본인 스스로 베테랑이라고 자부심이 큰 분입니다. 다른 한 분은 나이가 60대 초반, 경력은 단기로 5개월 된 아기를 4개월간 케어하신 게 전부고 차분하고 교양있어 보이며 무엇보다 따뜻한 분이세요. 어떤 분으로 결정해야 할지 고민이에요.

윗글에 대한 엄마들의 의견은 다음과 같이 나뉘었다.

> 베테랑임을 스스로 내세우면 가르치려고 들 거다. 최근 36개월 아기를 봤다면 신생아 케어가 어려울 거다. 60대는 아기 성장 과정에서 힘에 부칠 것이다. 차라리 경력이 짧은 분이 더 순수하고 낫다. 50대보다 60대가 더 건강할 수 있다. 시터는 성품이 따뜻한 게 우선이다.

많은 의견이 오고 갔지만 결론은 없었다. 결론이 없을 수밖에 없고 모두가 일리가 있고 맞는 얘기다. 과연 절대적인 정답이 있을 수 있을까. 아기 엄마들이 원하는 시터의 기준도 모두 제각각이고 아무리 베테랑이라도 아기 엄마와 아기에게 잘 맞아야 베테랑이 아닐까. 베이비시터를 찾을 때 아기 엄마들은 소박한 꿈을 꾸고 찾기 시작하지만, 막상 현실에 부딪치면 자신도 모르게 자꾸 눈높이가 높아지기 마련이다.

그렇기 때문에 사전에 정확하게 자신의 육아 철학을 세워 이를 바탕으로 자신에 맞는 기준을 정하고 시터를 찾는다면 좀 더 쉽게 접근할 수 있으리라 본다. 경력이 많으면 베테랑일까? 이 문제는 꼭 짚어보고 넘어가야 한다.

전업주부가 베이비시터로 가장 활발하게 활동을 시작하는 연령대가 50대다. 시터를 구하는 입장에서도 제일 선호하는 연령대가 50대다. 이 시기는 자녀들이 중고등학교를 마치고 대학에 진학하기 시작하는 나이로서 비교적 자녀들을 케어하는 데 자유롭고 시간이 여유롭다. 시간적 여유와 경제 활동의 욕구로 인해 일자리를 찾을 때 쉽게 접근할 수 있고 자신의 육아 경험으로 인해 매력적으로 다가오는 직종이 베이비시터다.

그러기에 용기를 내어서 일찍부터 접근했다면 경력이 많을 것이고, 이런저런 이유로 망설이다가 뒤늦게 뛰어든 사람은 경력이 짧을 것이다. 40대 나이는 자녀가 엄마 손이 한창 필요할 나이다. 초등학교에서 고등학교까지 자녀들의 교육과 진학 문제에 매달려 신경 써야 할 일이 많아 바쁜 나이이기도 하다. 이 시기에 시터 일을 하면 시간이 자유롭지 못한 단점이 있다. 이런 이유 때문에 종종 워킹맘에게 곤란한 일이 발생하기도 한다.

오히려 40대보다는 60대 시터가 시간에는 더 자유로울 수 있다. 특히 아이가 어린이집에 등하원시켜 줄 파트타임 시터를 구하는 경우라면 60대가 40대보다 더 나을 수도 있다. 60대는 손주들의 독박육아를 일찍 끝낸 시터도 있고 손주를 보는 마음으로 아기를 케어하기 때문에 더 안정적일 수 있다. 자식과 손주를 길러본 경력으로 치면 가장 경력이 긴 베이비시터가 아닐까 생각한다.

가끔은 손주가 태어나기 전에 손주 케어를 위한 베이비시터 자격증 교육을 받기도 한다. 이렇게 차분하고 마인드가 정리된 60대는 50대 못지않게 안정된 아기 케어를 할 수 있다고 본다. 100세 시대의 60대는 예전에 비해서 10년은 젊다고 생각하는 게 맞을 것이다.

온라인 커뮤니티에서 어느 아기 엄마가 60대는 카카오택시도

부를 줄 모를 것이라는 의견을 내었다가 뭇매를 맞는 걸 봤다. "어디 시골 구석에서 사는 사람이냐. 우리 엄마는 80대라도 카카오택시도 부르고 카카오뱅킹도 하신다." 등등 그 정도로 요즘 60대는 마인드도 젊고 심신이 건강하다는 증거다.

나이는 숫자에 불과하다

지인 중에 인성과 품성이 훌륭한 60대분이 시터 일을 하고 싶어 했다. 그분은 구직 전까지 직·간접적으로 손녀를 케어한 분이라 공인된 시터 경력이 없었다. 친손녀를 아기 때부터 시터와 함께 케어하다가 손녀가 초등학교에 입학하고 며느리가 프리랜서로 전환하면서 재택근무를 시작해 할머니 손이 필요 없어진 것이다.

그분은 충분히 어린아이 케어가 가능하다고 생각해 등하원 시터에 도전했다. 세세한 정보와 준비 없이 막연하게 검색해본 결과 비교적 유명한 직거래 사이트인 플랫폼을 접할 수 있었다. 설레는 맘으로 용기를 내어 회원가입을 하고 자신에게 맞는 아기를 신중하게 골라 다섯 군데에 구직 메시지를 보냈다. 며칠을 기다려도 메시지에 대한 답글이 없었다. 이상하다 싶었지만 다시 몇 군데를 골라서 메시지를 반복해서 20여 군데에 보냈는데 딱 한 곳에서 "죄송하지만, 연세도 있으시고 경력이 없으셔서 저희와 맞지 않습니다"라는 답글이 왔다.

답글을 보내온 아기 엄마는 최소한의 배려와 예의를 갖춘 셈이다. 사실 인터넷상에서 구직할 때 개인 경력을 검증할 수 있는 방법은 없다. 얼마든지 부풀릴 수 있는 게 해당 사이트들의 열악한 검증 시스템이다.

있는 그대로 가감 없이 '경력 무'로 적은 구직자에게 관심을 주는 구인자도 드물다는 건 뻔한 사실이다. 그분은 자기소개란에 손녀를 돌본 경력을 넣었다고 하는데 그 내용은 그냥 스쳐 지나가고 걸러지는 대상에 속한 것이다. 현재는 유명업체에서 정식 교육을 받고 베이비시터 자격증을 받아 현재는 훌륭한 등하원 시터로 만족스럽게 일하고 있다. 그리고 그 업체에서 우수베이비시터로 손꼽는 인재가 되었다.

베이비시터의 경력에 대해서는 위에서 살펴본 것처럼 다양한 생각을 가지고 있지만, 경력보다 자신과 내 아기에 맞는지가 제일 중요하다. 제아무리 화려한 경력자라도 구인하는 입장과 맞지 않는다면 경력은 아무짝에도 쓸모없는 껍데기일 뿐이다. 과연 후보 시터의 경력이 내게 도움을 주는 경력인가를 냉철하게 판단해야 한다. 위 질문자의 신생아 케어 경험은 그렇게 큰 의미를 두지 않아도 된다. 경력이 없는 시터라도 업체의 교육과정과 실습을 통해서 충분히 해낼 수 있기 때문이다.

자신이 무엇을 가장 우선시하는지 체크해보고 과연 내 아기를 위해 어떤 시터가 필요한지 생각해보자. 결국 베이비시터를 결정하는 건 엄마의 몫이다. 경력이 많은 베이비시터가 당신의 아기에게도 베테랑일까? 이를 판단하는 건 아기 엄마인 당신의 몫이다.

고정관념에서 탈피하라

시터보다 먼저 자신을 인터뷰하라

첫인상이 매우 중요하다는 것은 누구나 알고 있다. 여러 인상의 효과 중에서 후광 효과의 특성을 지닌 사람은 대인관계나 인터뷰에서 아주 유리한 조건을 가진 사람이다. 후광 효과란 한 사람의 두드러진 특성이 그 사람의 다른 세부 특성을 평가하는 데에도 영향을 미치는 현상이다.

인터뷰를 진행할 때 개인이 가진 편견과 선호도에 빠지면 심각한 오류를 범할 수 있다. 자칫 잘못하다가는 기업은 훌륭한 인재를 놓쳐서 손해를 볼 수 있고 베이비시터를 구인하는 아기 엄마는 훌륭한 시터를 채용할 수 있는 기회를 놓칠 수 있다. 베이비시터를 구할 때 반드시 여기에 빠지지 않도록 지혜로운 대처와 판단을 해야 한다.

"안녕하세요! 처음 뵙겠습니다. ○○○에서 추천받은 매니저

김□□입니다!"

그녀는 갈색 뿔테 안경을 썼고, 옷차림이 나이에 비해 아주 감각적이고 세련되어 보일 뿐만 아니라 깔끔하고 정돈되어 보인다. 현관에 들어서면서 어지럽게 널려 있는 신발들을 가지런히 정리하면서 미소 띤 얼굴로 묻는다. 자신감까지 겸비한 당당함이 느껴진다.

"손 좀 씻고 싶은데 어디에서 씻어야 하나요?"

인사말을 비롯해서 질문하는 것도 역시 차분한 게 교양 있는 말투다. 애써 꾸미려고 하는 모습도 없고 긴장한 표정도 아니고 온화함을 얼굴에 띠고 품위가 넘친다. 몇몇 시터를 인터뷰해봤지만 이렇게 교양이 뚝뚝 떨어지는 베이비시터 후보는 처음이다. 인터뷰를 진행하는 엄마가 오히려 훅 긴장하는 모습이 역력하다.

아기 엄마는 업체에 시터 후보에 대한 요청사항을 조목조목 깐깐하게 준비해 리스트를 작성해 보낸 후, 며칠 동안 인터뷰를 진행한 상황이다. 하지만 이런저런 이유로 대부분의 시터들이 맘에 안 들어 캔슬한 터이다. 거기다 교양이 뚝뚝 떨어지는 저 시터도 사실은 업체에서 프로필을 받아 봤을 때는 나이가 많아서 신경이 쓰였고 기대가 별로 되지 않았다. 그리고 업체 입장에서는 해당 고객이 워낙 까칠하게 굴어서 고민하던 차에 때마침 개인적인 일 때문에 쉬고 있던 에이스 시터가 일자리를 요청해왔기에 인터뷰에 응하게 한 것이다.

여기에서 생각해보자. 많은 아기 엄마가 베이비시터는 속된 말로 쉬워 보여야 아랫사람 부리듯 부릴 수 있다는 터무니없는 발상을 한다. 그러면서 정작 자신은 훌륭한 시터를 찾아서 채용하려고 애쓴다. 이러한 사고는 시터에 대한 기준과 개념 자체를 이해하지 못하는 구시대적인 사고로 이분법적이며 모순이다. 그러한 마인드라면 좋은 베이비시터를 찾는 노력 자체도 시간 낭비라고 생각해야 한다.

심지어 어떤 구인글에는 '학력무관'이란 단어도 있었다. 자신의 아기가 깨어 있는 동안 가장 많은 시간을 함께하는 사람이 엄마를 대리하는 제2의 주 양육자인 베이비시터다. 영아의 뇌는 스펀지와 같다. 과연 미래의 내 아기에게 영향을 미치는 시터가 어떤 모델이길 바라는가. 첫인상이 만만하게 보이지 않아서, 부담스러워서 에이스 시터를 놓칠 셈인가.

당신이 꺼리는 이유를 당신 스스로에게 들여다보고 질문해봐야 한다. 이 질문이 당신의 사고 체계에 문제점을 발견할 수 있는 계기가 된다면 당신은 인간관계에서 한 단계 더 발전하는 현명한 사람이 될 것이다.

첫인상, 어느 정도 중요한 걸까

첫인상은 중요하지만 전부는 아니다. 그렇다고 첫인상을 무시하라는 얘기는 결코 아니다. 첫인상은 물론 중요한 요소다. 단지 자신이 만들어놓은 틀에 가두지 말라는 얘기다. 주관적이고 절대적인 판단을 피해야 한다는 의견이다.

그러나 인터뷰 약속 시간에 늦거나, 옷차림이 단정하지 못하거나, 돌이킬 수 없는 실수를 저지른다거나, 거짓말을 하는 등등 이러한 요소들은 첫인상에 포함해야 한다. 객관적으로 모든 사람에게 공통되게 불쾌한 첫인상은 당사자에겐 불행하지만 어쩔수 없이 제외해야 할 대상이다. 첫인상에서 강한 거부감을 느낀 후보 시터라면 예외 없이 탈락시키는 게 맞다.

자극적이고 나쁜 첫인상은 쉽게 지워지지 않는 게 인간의 심리이기 때문이다. 게다가 사람들은 대부분 타인의 장점을 먼저 보려고 하지 않는다. 그럴진데 하물며 이런 시터는 본선도 가기 전에 예선에서 탈락하는 불운한 사람이다. 베이비시터를 할 생각이라면 이미지메이킹을 한다거나 자신의 단점을 보완하려고 계속 노력할 필요가 있다.

반면에 인터뷰를 진행하는 아기 엄마도 후보 시터 못지않게 예의와 첫인상을 좋게 보여야 한다. 왜냐하면 맘에 든 시터에게 아기 엄마의 첫인상이 수준 이하라면 시터에게 거절당하는 경우도 비일비재하기 때문이다. 외모지상주의란 말이 괜히 생긴 게 아니다. 첫인상의 80퍼센트가 외모에서 나온다고 한다. 그렇지만 위 사례에서 본 바와 같이 외모만 보고 베이비시터를 결정하는 성급함은 버려야 한다.

생각해보자. 당신은 남편을 처음 만났을 때 첫인상이 어떠했는가. 분명 모든 게 매력적이었을 것이다. 하지만 알다시피 세상 일은 그렇게 생각대로 돌아가지 않는다. 연애 후 결혼해서 살아본 결과 맨 처음 당신이 예상한 첫인상과 과연 얼만큼 일치했는가. 아마도 다른 부분이 꽤 많았을 것이고, 살다 보니 맞추어어진 게 많았을 것이다. 그러니 새로운 사람, 즉 베이비시터를 만날 때도 첫인상만 가지고 판단하는 오류는 버려야 한다.

내 육아 스타일과 코드가 맞을까

육아 코드의 중요성

"아고! 잘 먹는다."

"그쪽으로 가면 위험해!"

"자~ 한 숟갈만 더 먹자."

아기는 식당에서 소리를 지르며 맘대로 뛰어다니고 나이가 지긋한 아주머니는 한 숟갈이라도 더 먹이려고 밥그릇을 들고 쫓아다닌다. 흔히 보는 광경이다. 아기 엄마는 백일 정도인 아기를 안고 앉아 있지만 심기가 불편한 모습이다. 다행히도 음식점에 손님이 그리 많지 않아서 눈살을 찌푸리는 사람은 없다. 한참을 묵묵히 앉아 있던 아기 엄마가 참다못해 입을 연다.

"이모님! 밥 먹이는 거 그냥 두시고 안아서 의자에 앉혀주세요!"

그후로도 베이비시터는 아기와 한참 씨름하다가 겨우 아기를 베이비체어에 앉혔다. 아기가 찡얼거리며 밥을 안 먹는것도, 밥을 먹이려고 애쓰는 시터도, 이를 바라보는 엄마도 왠지 뭔가 맞추어지지 않는 어설픈 모습이다.

위 사례에 등장하는 아기는 이제 22개월된 두 돌을 앞둔 남자아기고, 3개월 전에 동생이 태어났다. 동생이 태어나기 전에는 엄마가 육아 휴직을 내 양육을 했다. 둘째를 낳고 산후조리를 하면서 첫째를 돌볼 베이비시터를 채용한 것이다. 첫째는 동생이 태어나기 전에는 베이비체어에 앉아서 식사를 했다. 생후 6개월 이후 이유식할 때 습관을 들였기 때문이다.

그런데 동생이 태어나고 베이비시터가 밥을 먹이기 시작한 어느 날부터인가 첫째가 체어에 앉는 걸 거부하기 시작했다. 물론 동생이 태어난 시기에 몇 가지 퇴행 현상을 보였지만 대수롭지 않게 생각하고 넘어갔다. 그런데 하루 이틀 지나도 같은 행동이 지속되었다. 베이비시터는 첫째를 좇아다니면서 겨우겨우 밥을 먹이는 게 일상화되어갔다. 둘째가 태어나기 전 아기 엄마의 육아에서는 전혀 그릴 수 없는 그림이다. 그러다가 오늘 외식 때 첫째는 식당을 여기저기 쏘다니면서 소리까지 질렀다.

베이비시터의 첫 출근 당시 요구사항에 분명 아기 식사는 체어에 앉혀서 먹이라고 주문했는데 그게 지켜지지 않고 하루 이틀 방관하다가 이런 사태까지 오고 말았다. 이외에도 아기 엄마가 주문한 육아와 어긋나고 있는 게 한두 가지가 아닌 상황이다. 베이비시터도 당황하고 아기 엄마는 화가 나고, 이 상황을 바로 잡아야 한다는 게 엄마로서는 머리가 아프다.

아기에게도 기본적인 예절을 가르쳐야 한다. 베이비시터의 심정도 이해를 하지만 근본적인 아기의 교육에 대해 주 양육자의 일관성이 무너지는 것은 아주 작은 것 같지만 나중에는 여러 가지 문제에 부딪히게 된다. 더구나 두 달 후 복직을 고려하는 입장에서 베이비시터를 교체 해야 하는 상황에 맞닥뜨리자 고민은 커질 수밖에 없다.

일관성을 지켜라

루소는 "인간의 교육은 태어날 때부터 시작된다"고 했다. 즉, 아기들은 태어나자마자 부모의 익숙한 목소리를 듣고 부모의 표정을 보며 반응하고 몸짓하면서 모방하는 것부터 시작한다. 아이들에게 제대로 된 올바른 교육을 하면 아이들이 성인이 되었을 때의 사회에 대한 기대는 매우 희망적이 될 것이다. '세 살 버릇 여든까지 간다'는 옛말이 결코 틀린 말이 아니다. 주 양육자인 부모의 유아기 교육은 양적인 것도 중요하지만 질적인 것도 중요하다.

유아교육에서 '일관성 있는 교육' 또한 중요한 요소다. 일관성 있는 육아는 누구나 익히 알고 있는 개념이다. 단순하게는 아기가 같은 잘못을 했는데 어느 때는 심하게 화내고, 어떨 때는 무시하고 넘어가는 것은 부모의 감정에 따라 일관성이 결여된 육아 교육 방법이다.

엄마와 아빠, 부모와 조부모, 부모와 어린이집·유아원, 그리고 주 양육자와 베이비시터의 일관성 있는 교육만큼 중요한 것은 없다. 특히 워킹맘이어서 주 양육자가 베이비시터로 바뀌어야 하는 상황이라면 엄마와 시터 간에 아기 육아에 대해서는 100퍼센트에 가까운 일관성을 가져야 한다.

철저한 준비로 이견을 줄여라

베이비시터와 아기 엄마 간의 갈등 원인 중 가장 많은 비중을 차지하는 내용이 육아에 대한 이견이다. 두 사람 사이에 이견이 존재하면 안 된다. 베이비시터는 아기 엄마의 육아 지침에 따라서 아기를 돌봐주는 게 원칙이다. 아무리 베테랑이고 육아에는 선배지만 엄마가 원하는 스타일과 육아 방침이 있다면 원하는 그대로 따라주는 게 맞다. 가끔 몇몇 시터가 아기 엄마를 가르치려 들고 어느 집에서는 이렇게 했고, 이게 맞다는 둥 자기 주장을 강하게 어필한다는 이야기가 들려온다.

예를 들어 엄마는 조용한 육아 환경을 선호하여 평소 은은한 클래식 음악이나 정서적으로 도움이 되는 동요를 들려주는 데 반해 시터는 아기들이 좋아하는 키즈프로그램이라고 의견도 묻지 않고 TV를 크게 켜서 정반대 환경을 조성한다면 엄마와 코드가 맞지 않아 육아에 대한 일관성이 어긋나게 된다. 이럴 경우 우선 아기가 혼란을 겪을 것이다. 이를 방지하려면 채용하기 전에 다양한 질문과 육아에 대한 의견을 나누는 게 필요하다.

여러 상황을 제시하고 어떻게 해야 하는지, 상황 대처 능력도 파악하고, 어떤 걸 선호하는지, 더 나아가서는 어떤 음악을 좋아하는지, 무언가 자신과 일치하는 부분을 찾을 필요가 있다. 분명 공통분모가 있을 것이다.

사전에 철저히 준비해야 혼선을 줄일 수 있다. 연인이 사귈 때 취미가 비슷하거나 관심거리가 일치한다거나 서로 비슷한 점이 있어 코드가 맞으면 쉽게 가까워져서 오랜 인연으로 발전할 수 있다. 공통된 관심사가 있으면 우선 대화가 즐겁고 말하지 않아도 소통이 잘 된다. 또 이러한 관계는 긍정적인 감정을 쉽게 끌어낼 수 있기 때문에 육아에 대한 좋은 결과를 쉽게 도출할 수 있다. 설혹 갈등이 있더라도 감정을 잠재우고 서로를 이해할 수 있는 바탕을 형성해준다.

인간관계에서 긍정적인 성격을 거부하는 사람은 없다. 특히 공동 육아를 함께 끌고 나가야 하는 관계는 어떠한 관계보다 서로 간에 긍정적인 소통이 필요하다. 그러한 마음가짐이 바탕이 된다면 서로를 존중하고 역궤도로 흘러가는 경우는 없을 것이다.

존중하고 공감하라

당신이 고집하는 육아가 100퍼센트 정답은 아닐 수 있다. 남들이 봐서 틀린 부분도 분명히 있을 것이다. 여기에서 중요한 것은 틀린 부분이 중요한 게 아니다. 즉, 주 양육자가 바뀔 수 있는 상황에서 당신의 의견을 100퍼센트 존중해주는 베이비시터여야 한다. 그런 자세를 갖춘 사람이 당신이 찾는 베이비시터다.

혹시 당신은 결혼할 때 남편과 궁합이 맞는지 알아보았는가. 두 사람이 오행에 맞추어 상생할 수 있는 사주라면 아마도 별 트러블 없는 결혼 생활이 되었을 것이다. 그렇다고 베이비시터와 궁합이 맞는지 보라는 것은 아니다. 당신과 베이비시터 간의 육아에 대한 공감대, 즉 코드가 맞아야 한다는 것이다. 찬찬히 까칠하게 당신의 파트너를 찾아보라. 분명 보석 같은 동반자가 있을 것이다.

엄마의 육감과 직감은 모성애로부터 온다

엄마에게는 시터를 파악하는 초능력이 있다

"까꿍! 아이고 예쁘게 생겼네!"

"한번 안아보자."

순간 아기가 기겁을 하고 울어 젖힌다. 인터뷰 중에 일어난 상황이다. 낯선 사람이 방문했다는 사실 자체가 아기에게는 불안한 상황이라서 아까부터 엄마에게 찰싹 달라붙어 방문객을 유심히 탐색하는 중이었다. 그런 아기에게 준비도 없이 덥석 안아올리는 베이비시터라면 어떻게 평가해야 할까.

평소 할머니와 할아버지한테 낯을 가리지 않았는데 요즘 따라 부쩍 낯가림이 심해진 터라 아기 엄마의 걱정이 크다. 정상적인 발달 과정의 낯가림이지만 이를 처음 맞는 상황인 엄마는 당황스러울 것이다. 그런데 어떤 예고도 없이 시터가 다가간다면 어떨까? 적어도 낯가림에 대해서 알고 있는 시터였다면 좀 더 신중하게 접근했어야 한다. 구태여 아기 엄마에게 아기를 안아주는 걸 보여줄 필요성이 있을까?

구인 사이트에서 흔히들 얘기하는 맘들의 공통적인 조언이 있다. 인터뷰할 때 아기를 사랑하는지를 살펴보라는 내용이다. 아이를 사랑하는 베이비시터인지 알아낼 수 있다면 왜 인터뷰가 필요하겠는가. 짧은 몇 분 사이에 이를 알아낼 수 있는 능력을 가진 아기 엄마가 과연 얼마나 될까. 참으로 어려운 과제를 쉽게들 얘기한다. 그렇다면 어떻게 근사치에 가깝게 파악할 수 있을까. 사람의 심리를 단번에 파악하는 초인적인 능력이라도 가졌다면 몰라도 어찌 그걸 검증할 수 있단 말인가. 그걸 알 수 있는 초능력을 돈을 주고라도 살 수만 있다면 아마도 베이비시터를 구인하는 엄마들은 아무리 비싸더라도 줄을 설 것이다.

위 상황에서 분리 불안 시기에 있는 아기의 발달 특성을 간파한 시터라면 우선 엄마에게 질문부터 하는 게 순서다.

"아기가 낯을 가리나요? 한번 안아봐도 될까요?"

낯을 가리는 아기에게는 첫 만남에서 스킨십을 피해야 한다는 걸 기본적으로 알고 있어야 시터의 자질이 있다. 낯을 가리지 않는 아기라도 접근 방법은 따로 있다. 아기가 당황하지 않게 충분히 친해질 여건을 만들어야 한다. 예를 들면 장난감으로 호기심과 흥미를 유발시켜 접근하는 방법도 있다. 아기가 어떤 장난감을 좋아하는지 파악하고 아기로 하여금 경계심을 늦추게 하여 서서히 친해지는 방법을 시도해야 한다.

또 아기가 둘째라면 먼저 첫째 아이와 놀이를 통해서 친해지는 모습을 보여주며 놀이에 서서히 참여시키는 방식도 있고 자질이 있는 시터라면 능숙하게 아기가 스킨십을 유도하게 할 수도 있다.

이러한 모습은 인터뷰하는 과정에서 자연스럽게 진행되어야 하며 인위적으로 무언가를 보여줘야 한다는 마음에서 행해지면 서로에게 부담을 준다. 있는 그대로 가감없는 언행 속에서 아기 엄마는 직감을 동원해서 끈을 잡을 수 있는 힌트를 찾길 바란다. 엄마는 시터가 아기에게 접근할 때 배려하는 모습만 보더라도 느낌이 올 것이다. 애써 잘 보이려 하지 않아도, 애써 아기를 사랑하는 사람이라고 광고하지 않아도 엄마는 느낄 것이다.

모성애는 위대하다

아기를 출산한 여성의 모성애는 구조적, 기능적으로 여러 측면에서 회복 불가능하게 여성의 뇌를 변화시킨다고 한다. 모성애가 작동하면서 아기를 보살피며 보호하려는 강한 힘이 뇌를 완전히 지배한다는 것이다.

우연히 TV 채널을 돌리다가 실화를 바탕으로 한 영화 〈엔젤 오브 마인〉을 본 적이 있다. 처음 영화가 전개될 때는 주인공 여성이 정신병을 앓고 있는 줄 알았다. 여주인공이 아이에 대해 무서울 정도로 집착하는 모습을 보면서 일종의 스릴러 영화겠거니 했다. 하지만 영화가 끝날 무렵 상상을 초월한 반전을 보고 깜짝 놀랐다.

7년 전에 산부인과에서 갓 태어난 아기를 화재 사고로 잃은 주인공 엄마가 딸을 집요하게 찾아가는 스토리다. 화재 당시 아기가 죽었다는 사실을 받아들이지 못하고 늘 죽은 아기를 그리워하며 피폐해져 간다. 그러다가 우연히 이웃집에서 마주친 아이가 첫눈에 자기 딸이라는 걸 직감적으로 느끼면서 상황이 긴박하게 전개된다.

주인공이 자신의 딸임을 주장하는 언행은 그 누구도 믿지 않을 뿐더러 오히려 집착과 광기로만 비춰질 뿐이다. 가족들도 주인공의 말을 믿지 않고 정신병자 취급하지만, 오직 모성이라는 본능을 따라 딸을 찾아가는 과정은 외롭고 험난하고 때로는 섬뜩하기까지 하다. 결국에 주인공은 자신의 딸임을 확인하고 되찾게 된다.

"아 이게 위대한 모성애의 본능이구나!" 같은 여성으로서 탄성을 지르게 한다. 직감은 과학적이지 못하고 논리적이지 못한 일종의 감정으로 도외시되기도 한다. 그러나 여성의 본능인 모성애의 직감은 소름 끼칠 정도로 적중할 때가 있다.

나의 모성애를 믿자

물론 베이비시터를 전적으로 직감이나 예감으로 판단하는 것에는 한계가 있다. 그러나 베이비시터를 채용하는 일은 모든 오감을 동원해야 한다. 처음 대하는 사람이 당신의 아기를 사랑하는지 판단하는 능력이 당신에게 과연 있을까?

만약 후보군 중에서 아주 작은 편차로 결정을 못 하고 고민한다면 당신의 본성인 모성애를 믿어보자. 평소에 직감이 뛰어난 당신이라면 성공할 확률이 더 높을 것이다. 그런 경험이 없는 당신이라도 최대한의 촉을 세워보기 바란다.

엄마의 본능이자 모성애의 원천인 직감과 육감을 동원하는 것도 또 다른 방법이 될 수 있다.

좋은 인성과 품성
긍정적이며 밝은 성격은 필수

아기는 베이비시터의 성격을 배운다

한날한시 불과 몇 분 차이로 태어난 내 손자인 아들 쌍둥이 얘기다. 먼저 태어난 아기가 200그램 더 무겁고 키도 더 컸다. 며느리 혼자서 둘을 케어하지 못해서 지인의 소개로 입주 베이비시터를 채용하였는데, 크고 건강한 선둥이 손자는 베이비시터가 1년 동안 돌봤고, 체구가 작은 후둥이 손자는 며느리가 돌봤다. 선둥이를 전담한 베이비시터는 엄청 씩씩하고 시끄러우며 요란스러운 성격인 반면에 며느리는 조용하고 말수도 적고 차분한 성격이다.

백일도 안 된 선둥이는 베이비시터가 “우르르 까꿍!” 하고 소리치면 반사적으로 누워서 두 손을 흔들며 크게 반응한다. 시터가 박수를 쳐가며 소리 지를 때마다 “꺅!” 소리를 내며 리액션의 극치를 보인다. 그렇게 반응할수록 베이비시터는 신바람이 나서 아기를 요란스럽게 어르는 모습이 일상일 정도로 좀 유달랐다. 선둥인 얼굴을 알아볼 개월 수도 아닌데 반사적으로 목소리에 반응하며 시터를 쳐다보며 소리내어 웃었다. 1년이 지나고 베이비시터가 그만둔 후부터 쌍둥이의 성격이나 성향이 어떻게 나타났을까.

아기 엄마들이 입주 베이비시터를 채용하려면 여러 상황을 고려해야 한다. 이는 전업주부든 워킹맘이든 공통으로 해당하는 사항이다. 특히 쌍둥이는 어쩔 수 없이 주 양육자에게 한 아이를 내어주어야 한다. 돌 전 약 6개월 후부터 영아의 애착 형성이 시작된다.

내 손자의 베이비시터는 그저 지인의 소개니까 선택의 여지도 없이 채용한 사례다. 조금 더 준비를 했다면 적어도 며느리와 성격도 비슷하고 코드가 맞는 시터를 채용할 수 있었을 텐데 하는 아쉬움도 남지만 그때는 그게 최선인 줄 알았기에 어쩔 수 없었다. 지나간 일이지만 아마도 며느리도 성격 등 안 맞는 부분이 있어 고충이 많았으리라는 생각이 든다.

선둥이는 후둥이에 비해 기질이 많이 거칠고 폭력성이 있었다. 베이비시터가 그만두고 돌이 지난 선둥이는 후둥이를 밀친다거나 깨무는 등 공격적인 행동을 가끔 보이고 소리를 많이 질러대는 습성이 있었다. 두 손자의 성격이 타고난 기질도 있겠지만 안타깝게도 선둥이의 소리 지르는 모습과 오버하는 몸짓, 표정 등에서 주 양육자이던 베이비시터의 모습이 많이 보였다. 후둥이의 성격은 차분하면서 매우 안정적이고 선둥이는 겁이 많고 정서적으로 불안정한 모습을 보였다.

베이비시터 없이 며느리가 두 아이를 케어하는 주 양육자로 전환하고부터는 밤에 잘 때 양 옆에 한 명씩 눕혀 재웠다. 선둥이에게 스킨십을 비롯해서 주 양육자가 바뀐 상실감을 치유하는 데 신경을 많이 쓰고 더 많이 집중했다. 그리고 며느리뿐만 아니라 아이 아빠가 퇴근 후에 의식적으로 선둥이를 안아주고 관심을 온통 쏟는 데 힘을 모았다. 식물도 사랑이 없으면 크지 못하듯이 아기 또한 부모의 사랑으로 자란다는 말이 하나도 틀린 게 없다.

그 결과 다행히도 36개월이 지나면서 두 아이는 아주 밝고 안정된 모습으로 정상적으로 애착형성이 되어가고 있다. 이렇듯 아기들의 뇌는 주 양육자의 언행과 감정, 정서까지도 여과 없이 모방하여 흡수한다. 즉, 도예가가 인고의 시간을 거쳐 영혼을 담아 도자기를 빚듯이 아기들의 뇌도 말랑거리는 흙 반죽 같아서 주 양육자에 의해서 훌륭한 작품으로 만들어진다는 걸 잊지 말아야 한다.

대화하며 자란 아기의 성장 발달은 다르다

한 여자 아기가 아기용 매트에 앉아 울음을 터뜨린다. 뭐가 불만인 걸까. 주방에서 베이비시터는 아기 젖병을 씻어서 열탕 소독을 하는 중이다. 시터는 뒤돌아서 아기를 쳐다보다가 어쩔 수 없다는 듯이 하던 일을 계속한다. 그걸 알아차리기라도 한 듯 아기는 더 자지러지게 운다.

그러나 시터는 아무 반응도 없이 하던 일만 계속한다. 베이비시터는 잠깐이니 울게 그냥 놔두자 하는 태도다. 물론 현재 하는 일도 중요하다. 그 모습이 잘못되었다기보다는 베이비시터의 행동과 표정과 성격에 대해서 얘기해보고자 한다.

아기가 칭얼댈 때는 이유가 있다. 무슨 이유인지 체크하고 아기의 마음을 읽어줘야 한다. 일이 조금 남아 곧바로 안아줄 수 없는 상황이라면 뒤돌아 눈을 맞추며 말을 걸어주면 된다.

"오! 그래! 조금만 기다려요~ 다했어요!"

이렇게 말하며 웃는 얼굴로 눈을 맞추어주는 게 우선순위다. 알아듣든 못 알아듣든 일단 아기는 칭얼대는 걸 잠시라도 멈출 것이고 어떤 기대를 할 수 있을 것이다. 이렇게 일을 하면서도 항상 눈은 아기에게 맞추며 말을 걸어주는 시터의 품성이 올바른 태도다. 그러면 아기는 잔일 마무리할 때까지 기다려줄 것이다.

아기가 칭얼대는 것은 불편함에 대한 의사 표현이다. 어디가 불편한지 눈을 맞추며 대화하는 시터와 말없이 기저귀가 젖었나 하고 기저귀만 체크하는 시터는 근본적으로 다르다. 이렇듯 대화하며 자라는 아기는 성격이나 성장 발달이 그렇지 못한 아기에 비해 많은 차이가 난다. 아기를 울리지 않는 시터가 중요한 게 아니다. 시터는 적어도 아기와 함께하는 시간에는 언어 마술사라도 된 것처럼 항상 대화를 해야 한다.

나는 평상시에 조용하고 말이 없는 편이다. 그러나 아기와 함께하는 시간에는 무슨 얘기가 그리 많은지 끝없이 아기와 얘기하는 나 자신을 발견하고는 놀라곤 했다. 목욕을 시킬 때도, 이유식을 먹일 때도, 분유를 먹일 때도, 그림책을 읽어줄 때도 조곤조곤 말을 걸어준다. 엄마의 성격은 자녀의 환경이 된다는 얘기가 있듯이 아기는 주 양육자의 직접적인 영향을 고스란히 받을 수밖에 없다.

영재 아이들을 길러내는 부모들은 공통적으로 수용적, 개방적, 자율적인 양육 방법을 택한다고 한다. 끝없는 대화를 통해 아이들에게 창의력을 동원한 문제 해결 능력과 과제에 대한 집착력과 같은 성향을 심어준다고 한다.

베이비시터의 성향은 영향력이 크다

아이는 부모와 관계를 맺으며 그 속에서 함께 성장한다. 그래서 대부분의 아이에게서 부모의 모습과 성격이 보인다. 출생하면서부터 주 양육자의 관계에서 형성된 습관이나 성격을 바꾸기는 쉽지 않다. 그렇기 때문에 부모는 주 양육자의 품안에서부터 영향을 받기 시작하는 아기의 성향이 건강하게 형성될 수 있도록 노력해야 한다.

아기의 성격은 선천적인 것과 태어난 후 환경적인 요인에 의해서 만들어진다. 환경적인 요인 중 가장 큰 영향을 주는 것은 주 양육자의 성격이다. 당신이 베이비시터에게 주 양육권을 맡겨야 할 상황이라면 어떤 성격의 소유자를 찾아야 할지 깨달았기를 바란다. 긍정적이고 밝은 인성과 품성을 갖춘 사람이 분명히 있을 것이다. 인성과 품성도 중요하지만 긍정적이고 밝은 사람이 우선이다.

외국인 또는 교포 베이비시터를 구하게 된다면

교포 베이비시터를 채용할 때

> 싱가포르의 육아도우미 채용 시스템은 싸고, 체계적이고, 믿을 수 있다. 노동 환경이나 조건에 따라 달라지기는 하지만 보통 월 50만~80만원으로, 한국에 비하면 3분의 1 수준이다. 육아도우미 채용은 전문 소개업체를 통해 이뤄진다. 시내 번화가인 오차드 거리나 부킷티마에 사무실이 밀집해 있는데, 믿을 만한 업체들만 살아남을 수 있게 정부가 강력하게 규제한다. 육아도우미로 싱가포르에 오는 근로자들은 소개업체에서 철저한 교육과 신원 관리를 거친 뒤 채용된다.
>
> - 심규진, 싱가포르서… 月70만원 필리핀 베이비시터 고용해 아이 키워, 〈조선일보〉, 2021. 3. 18.

싱가포르처럼 정부가 적극적으로 나서서 검증시스템까지 풀가동하고 육아에 도움을 주며 어려움을 해결해주는 정책은 모든 워킹맘들의 간절한 소망일 것이다.

우리나라는 어떨까. 우리나라는 사설 소개소 및 업체를 관리하는 시스템도 체계화되지 않았을 뿐만 아니라 조선족 교포나 외국인 시터에 대한 검증도 이루어지지 않고 있다. 대부분 공신력 있는 업체의 85퍼센트 이상은 등록된 외국인이 없고 교육이나 모집 대상에서 처음부터 제외한다. 또 홈페이지 배너 광고에도 조선족 베이비시터는 없다는 걸 강조하기도 한다.

베이비시터로 활동하는 외국인의 합법적인 신분은 조선족이 80퍼센트 이상이고 필리핀 국적을 가진 사람은 불법 체류 신분이 많다. 취업비자가 없는 외국인을 고용하면 고용자도 처벌받고 불법 취업자는 강제 추방된다는 사실을 참고로 알아둬야 한다.

조선족 베이비시터를 꺼리는 이유는 다양하다. 공통적으로 몇 가지 이유가 있다. 우선 무시할 수 없는 것이 선입견이며 다음으로 경제적인 면에서 맹목적으로 돈을 벌어야 하는 목적으로만 접근하는 경우가 많기 때문에 그들이 많은 조선족 이미지를 흐려놓은 영향이 제일 크다.

기본적인 베이비시터 교육을 이수하지 않았고 가치관, 사명감, 책임감 등이 결여된 동료들이 일으킨 불미스러운 사건들 때문에 선의의 피해를 보는 경우도 많다. 워킹맘의 공통된 여론은 어느 날 예고 없이 그만두고 사라져서 황당했다는 얘기가 대부분이다.

공인된 업체를 통하지 않고 직거래 사이트에서 조선족 베이비시터를 구인할 계획이라면 많은 준비와 몇 배의 노력을 해서 치밀하게 준비해야 한다는 걸 강조하고 싶다.

특히 직거래 사이트에서 교포를 구인할 경우는 어느 누구도 책임지지 않는다. 만약 예상하지 못한 어려움이나 문제점이 발생하면 구인한 사람의 온전한 책임이고 스스로 해결할 수밖에 없다는 사실도 알고 있어야 한다. 그러니 외국인 신분의 베이비시터 채용을 고려하고 있는 엄마들은 신분 확인과 비자 확인이 필수다.

맞벌이부부 워킹맘들이 입주 베이비시터를 채용하려면 주로 조선족 베이비시터를 구인하는 경우가 많다. 내국인 입주 베이비시터는 비용이 높아 경제적으로 부담이 되기 때문에 비교적 비용이 저렴한 조선족을 찾는다. 가끔 워킹맘들 중 많은 우여곡절을 거쳐서 운 좋게 좋은 교포 베이비시터를 만나 장기간 함께하고 있다는 경우도 있다. 마음 고생도 많았을 것이고 그 과정에서 아기와 엄마가 많이 힘들었을 것이다.

세상 사람들은 나쁜 사람보다 착한 사람이 더 많다. 즉, 교포 중 인연을 잘 만나면 워킹맘으로서 행복한 육아를 할 수 있다는 희망을 가질 수 있다. 고생 끝에 인연을 잘 만든다면 서로에게 좋은 일이 아니겠는가. 이는 많은 노력과 고민에 따른 꼼꼼한 준비의 결과물이다.

외국인이 취업할 수 있는 비자로는 여러 가지 것들이 있는데, 단기 취업으로 C-4가 있고, 장기 비자로는 E-1부터 E-10까지 E 계열의 비자가 있다. 이 비자는 예술, 기술, 교육, 노동, 취업과 관련된 비자다. F 계열 비자로는 F-2(거주), F-4(동포), F-5(영주), F-6(결혼

이민), H 계열 비자로는 H-1(관광 취업), H-2(방문취업) 등이 있다. 주로 조선족 베이비시터의 비자는 H-2, F-4 동포비자의 신분이다. 이 중 제일 많은 비중을 차지하는 비자는 F-4 비자이며 H-2 신분으로 체류 중인 사람은 기본 3년이 유효하고 4년 10개월까지 연장 가능하다.

조기 영어교육을 위한 베이비시터

요즘 젊은 엄마의 육아 트렌드는 조기 영어교육이다. 간혹 영어권인 필리핀 베이비시터를 채용하는 게 어떤지를 문의하는 아기 엄마도 있다. 이른바 영어 베이비시터라고 할 수 있는데 전적으로 베이비시터로 채용하는 것은 깊게 생각해야 할 문제다. 워킹맘이라면 원어민 영어베이비시터는 피해야 한다.

왜냐하면 필리핀 영어 베이비시터는 우리나라 문화나 생활에 익숙하지 못해서 아기의 주 양육자가 되기에는 무리이기 때문이다. 베이비시터가 기본으로 근무하는 가운데 파트타임 근무는 가능하다. 또 전업주부로서 집에 아기 엄마가 함께 머물면서 파트타임 원어민 영어 베이비시터를 채용하는 것도 괜찮다. 그러나 모든 필리핀 영어 베이비시터가 영어에 능숙한 것은 아니기 때문에 채용할 때 충분히 검증해야 한다.

교포 베이비시터의 입주

어쩌면 당신은 워킹맘으로 입주 교포 베이비시터를 찾아야 하나 고민 중일지도 모른다. 경제적인 이유도 있을 것이고 그에 합당한 다른 이유와 사정이 있을 것이다. 특히 외국인 베이비시터를 찾고 있다면 다른 사람에 비해 몇 배 불안감이 가중될 것이다. 별별 뉴스와 가끔씩은 스릴러 같은 괴담도 오르내리기 때문이다.

이러한 불신은 신분에 대한 검증이 어려운 것에서 기인한다. 더구나 입주형 베이비시터라면 신중해야 하고 검증에 필요한 정보 수집을 소홀히 하면 안 된다. 훌륭한 베이비시터를 찾는 여정은 케이스 바이 케이스지만 당신의 마음처럼 절실한 마음으로 간절히 원하면 원하는 만큼 이루어질 것이다.

용기와 자신감은 훌륭한 베이비시터를 찾을 수 있는 원동력이 될 것이다.

다양한 육아 자격증에 대해 알아두면 좋다

다양화된 시터를 필요에 따라 활용하기

코로나19로 인해 어린이집의 개원이 늦어지자 아이들이 집에서 머무는 시간이 많아지고 있다. 이에 따라 워킹맘, 전업주부, 할머니육아 등 육아에 매여 있는 양육자의 하소연을 들어보면 모두 "숨이 막혀 죽을 것 같다!"이다. 육아를 하는 입장도 숨이 막히는데 한창 움직이고 뛰어놀 나이에 집에 갇혀 감옥 아닌 감옥살이를 하는 아이들은 어떨까! 마음 놓고 놀이터에도 못 나가고 문화센터 프로그램에도 참여할 수 없다. 어른보다 에너지 넘치는 아이들의 답답함과 뛰쳐나가고 싶은 갈증은 오죽할까.

이런 상황에서 아기와 엄마의 숨통을 트이게 하는 돌파구로 하루 몇 시간 놀아주는 놀이시터를 찾는 경우가 많다. 놀이시터는 두 시간 이상 서비스를 신청할 수 있는데 아르바이트 대학생이나 보육교사 출신이 많다. 서비스 신청은 해당 업체 앱을 통해서 신청하는데 채용해본 대부분의 엄마들의 후기를 보면 서비스에 만족한다는 의견이 많다. 놀이시터는 다양한 놀이 콘텐츠를 이용해 아이들과 놀아주며 눈높이에 맞는 서비스를 진행하기 때문에 아이들과 금방 친숙해진다. 놀이시터 문화가 정착되면서 워킹맘들의 등하원 베이비시터를 아예 놀이시터로 구인하는 경우도 늘어나는 추세다.

이 방법 또한 엄마들의 선택이겠지만 바람직한 놀이 문화를 통해서 밝은 성격을 형성하고 아기의 건강한 신체 및 정서 발달에 많은 도움이 되리라고 본다. 특히 종일 베이비시터를 채용하거나 할머니육아 중인 엄마에게 놀이시터 활용을 권한다.

베이비시터의 근무시간을 줄이고 종일 손주를 보느라 체력이 방전된 할머니를 위해 하루 두 시간 정도 놀이시터를 활용해보라. 이것은 아이에게 분위기 전환과 활력을 불어넣을 수 있는 또 다른 방법이 될 것이다. 또 놀이시터 활용은 둘째 아이를 가져서 육아에 지친 아기 엄마에게는 꿀 같은 시간이 될 수 있고, 몇 시간 집을 비워야 하는데 딱히 아기를 케어할 사람이 없을 때도 아주 좋은 육아 대처 방법이다.

놀이시터로는 두 돌이 되지 않은 유아라면 보육교사 자격증이 있는 사람을 추천하며 36개월이 넘어서 활발히 뛰어놀며 에너지가 많이 소모되는 아이에게는 대학생시터를 추천한다.

여러 다양한 분야의 시터가 있지만 거의 비슷한 형태다. 놀이시터라고 놀이만 하는 게 아니고 북시터가 하는 일을 겸해서 하는 경

| 교육 관련 시터 형태 |

베이비시터	집 또는 외부에서 영유아를 돌보는 육아 돌보미
놀이시터	영유아 및 아동의 놀이 활동을 주로 돕는 인력
북시터	주로 아동의 독서 활동 및 독후 학습을 돕는 인력
에듀시터	보육보다는 주로 학습에 중점을 둔 교육 전문 인력
영어시터	놀이로 아동의 영어 능력을 향상시키는 전문 인력
스터디시터	자기주도 학습 개선 및 학습관리 돕는 전문 인력

– 〈매일경제〉, 2019. 8. 11.

우도 있다. 따라서 북시터, 영어시터까지 가능한 시터라면 아이에게 더 없이 좋은 기회가 될 것이다.

아이가 초등학생이라면 전문적인 에듀시터나 영어시터를 활용하는 것도 좋다. 전문적인 학습시터는 주로 아르바이트 대학생이 활동하는 추세다. 이런 북시터나 학습시터는 조부모에게 육아를 맡긴 경우에도 많이 찾고 있다. 주로 짧게 두 시간 정도를 많이 선호하고 주 2~3회를 요청하는 경우가 많다.

놀이가 밥이다

어린이 놀이운동가인 편해문 씨는 "아이들은 놀이가 밥이다"라고 했다. 선행학습, 자기주도학습 등 참으로 육아하기 어려운 게 대한민국 엄마들이다. 도대체 자기주도학습이라는 개념이 무엇일까. 어쩌면 아이의 자기주도학습 자체가 엄마주도학습이 되지 않을까 걱정스럽다.

영유아에게 필요한 학습이 무엇일까, 엄마도 어렵고 아기도 어렵다. 당신이 어렸을 때를 기억 해보라. 어느 순간이 최고로 행복했는지를. 어렸을 때는 맘대로 뛰어놀고 지치도록 에너지를 쏟았던 기억이 최고의 행복이 아니던가. 각종 시터 중에서 내 아기가 어떤 시터로 인해 행복해질 수 있는지를 깊이 생각해보라. 놀 기회가 많지 않아 안타까운 아기에게 어떤 시터를 활용하고 싶은가.

아이와 함께하지 못해 죄스러운 마음을 가진 워킹맘이 아이들에게 줄 수 있는 최고의 선물은 하루 중 다만 몇 시간이라도 즐겁고 신나게 놀아주는 게 아닐까. 아기의 최고 학습은 마음껏 죽을 힘을 다해 놀이하는 게 아닐까 싶다.

약속과 시간 관념은 기본이다

비상시 대안을 준비하라

"안녕하십니까? 고객님! 내일 오후 2시에 인터뷰하기로 한 ○○소속 베이비시터 이□□ 매니저입니다!"

"아, 네 안녕하세요."

"주소가 일원동 행복아파트 123동 456호 맞으시죠?"

"네, 맞습니다!"

"네, 내일 오후 2시에 뵙겠습니다~"

회원제로 운영되는 베이비시터 파견업체에서 추천해준 베이비시터 후보가 인터뷰 일정 확인을 위해 통화한 내용이다. 전화기 너머에서 들려오는 목소리가 아주 밝고 자신감 넘치고 활력 있는 정확한 분이라는 느낌이 전달된다.

업체 담당자와 1시간 전에 원하는 베이비시터의 기준을 제시하고 아기 엄마가 원하는 수준에 근접하는 후보로 사전에 조율이 된 상태다. 몇 번의 직거래 사이트에서 1:1로 대상자를 직접 필터링하는 작업 단계가 생략되어서 한결 쉽다. 더구나 며칠간 몇 명을 대상으로 인터뷰를 진행한 결과 시간 약속도 지키지 않는 사람, 약속 시간을 번복하는 사람, 심지어 펑크까지 내는 사람 등 구인에 실패한 상태라서 사뭇 기대가 될 수밖에 없다. 우선은 가장 기본적인 매너와 시간관념이 정확한 느낌이 맘에 든다. 어떤 분일까? 기대만큼 좋은 분이길 간절히 기도하는 마음이다.

베이비시터를 구인 구직하는 입장에서 기본적으로 우선해야 하는 요소가 고객 집과 시터 집 간의 출퇴근 거리가 가까워야 하는 것이다. 도보로 출퇴근을 할 수 있는 거리라면 더 말할 것도 없이 좋은 조건이다. 대중교통을 이용하든 자차로 움직이든 30분 이상 소요되면 부담스러운 거리라서 선정 대상에서 제외하는 것을 고려해야 한다.

특히 워킹맘이라면 이 점은 아주 중요한 요소다. 피치 못할 사정도 있겠지만 천재지변인 겨울철 폭설이라든가 이상 기상 때문에 결근할 경우를 대비해서 비상책을 항상 마련해둬야 한다. 비상 상황일 때 시터가 업체에서 파견한 경우라면 업체에 연락해서 임시 대체 시터 파견을 요청해서 도움을 받아야 한다.

파견업체도 새로운 베이비시터를 매칭할 때 우선적으로 고려하는 게 출퇴근 소요시간이다. 책임감 있는 업체라면 워킹맘의 입장을 충분히 이해하고 항상 비상시를 대비하는 업무를 진행해야 한다. 베이비시터 교육을 이수할 때 해당 점장으로부터 실제 사례를 들은 적이 있다. 해당 업체가 파견해서 근무하는 베이비시터가 교통사고가 나서 약속 일정과 시간에 업무를 진행하지 못하는 사태가 벌어졌다고 한다. 업체는 대체 인력을 구하다가 안 되어서 결국 해당 점장이 직접 서비스를 나갔다고 한다.

이와 같이 워킹맘은 항상 비상시를 대비해서 대처하는 방안을 마련해놓아야 한다. 업체 파견이면 업체에서 해결해줄 것이고, 직거래 개인 간의 베이비시터라면 가까운 조부모나 조력자를 사전에 정해서 직장생활에 영향을 주는 일이 없도록 한다.

나는 완벽주의 성격인 데다 자동차로 출퇴근하기 때문에 꼭 인터뷰할 고객 집과의 거리를 확인하고 사전에 답사를 진행했다. 인터뷰 약속시간이든, 출근시간이든 차가 밀릴 경우를 대비해서 도착시간을 예정시간 30분 전으로 잡고 이동하는 걸 원칙으로 삼았다. 일단 고객이 매칭되어 예상할 수 없는 상황이 발생하면 어떻게 대처해야 할지 고객에게 피해가 가지 않도록 방법을 찾았다. 개인적인 비상대책으로 고객 근처에 사는 친구까지 비상 대체 인원으로 정해놓을 정도로 완벽하고 싶었다.

작년 여름에 인연을 맺은 아기가 당시 9개월 남아였다. 고객 사정으로 급하게 매칭된 상태라서 출퇴근 시간이 예상보다 많이 걸렸고, 매일 출퇴근길을 운전하면서 마음이 불편한 게 있었다. 출퇴근길이 가파른 고갯길을 두 번 오르내리고 터널을 세 번이나 지나야 했다. 그 당시는 여름이라서 문제가 되지 않았지만 운전석에 앉아서 겨울철을 생각하지 않을 수 없었다.

눈이 내리면 더구나 폭설이라면 자가운전은커녕 버스도 스톱하는 도로라서 고객에게 실수할 게 뻔할 것이라는 결론에 이르러 회사에 사정 얘기를 했다. 가까운 거리에 있는 후임자를 물색해서 투입해줄 것과 적임자가 나타날 때까지 공백 없이 업무를 수행하겠다고 정식 요청하고 고객에게도 자세한 내용을 설명하고 양해를 구했다. 다행히 가까운 거리에 있는 지원자가 있어서 아쉬운 이별을 했다. 결국은 더 세세하게 체크하고 결정했어야 하는데 내가 실수를 한 셈이어서 아기에게도 아기 엄마에게도 미안한 마음이 컸다.

시터의 기본 첫 번째는 약속지키기

맘카페에서 대화하는 내용을 살펴보면 보통 상식으로는 이해할 수 없는 상황이 종종 일어난다. 인터뷰 시간을 펑크 내는 사람, 근무하기로 약속한 사람으로부터 바람 맞는 아기 엄마 등 많은 사연을 접하면서 우리 사회에 만연하고 있는 불신을 만들어내는 산물이 베이비시터인가 할 만큼 황당한 일이 많이 벌어지는 것 같다. 불신의 화신으로 포장해서 돌진해온다면 상대적으로 그만큼 방어 전략을 잘 구사해야 한다.

우리는 살아가면서 수많은 약속을 하고 또 약속을 지키려고 노력한다. 사람이 살아가면서 지켜야 할 중요한 덕목 중 하나가 약속이다. 사람 사이의 약속이든 조직의 약속이든 약속에 의해 서로의 신뢰가 형성된다. 친구 간, 연인 간, 부모와 자식 간, 비즈니스 등 작은 약속에서부터 수많은 약속이 있다.

약속은 실체가 보이지 않는 무언의 약속으로부터 굳은 맹세의 약속까지 형태가 다양하다. 약속이 상호 이루어질 때 중요한 것은 그 약속을 지킬 수 있는 준비가 되어 있느냐다. 서로 사전에 준비되지 않은 상태의 무분별한 약속은 처음부터 하지 말아야 한다. 지키지 못할 약속은 쉽게 하지 않는 게 옳다.

이렇듯 약속은 개인이 책임져야 할 의무가 있다. 당신이 생각하는 베이비시터와의 약속은 어떤 개념의 약속인가. 일상의 약속은 정겹기도 하고 두근거리기도 하는 기대감도 동반한다. 베이비시터와 당신의 약속은 비즈니스적인 개념을 뛰어넘어야 한다.

당신이 바라는 베이비시터는 소명감을 가지고 책임을 동반한 약속을 가진 사람이어야 한다. 시간 개념을 떠나서 모든 인간 됨됨이의 기본은 약속에서 출발한다. 약속을 헌신짝처럼 여기는 무서운 세상 속에서 당신의 베이비시터를 찾기는 어려울 것이다. 그러나 기준은 세웠을 것이다. 약속은 서로의 품격이고 신의다. 당신도 베이비시터도 이를 철칙으로 삼는다면 서로의 관계에서 고민할 이유가 없을 것이다.

건강과 위생관리를 체크해야 한다

베이비시터의 위생관념 확인하기

면역력이 약한 영유아에게 꼼꼼한 위생관리는 수백 번 강조해도 입이 아프지 않을 정도로 중요하다. 코로나19가 유행하면서 어린이집이 휴원하고 당장 아이를 케어해줄 사람이 없는 워킹맘은 혼란과 멘붕에 빠질 수밖에 없었다.

베이비시터를 집에 들이면 코로나바이러스에 노출될까봐 엄청난 불안감을 가졌던 것 또한 사실이다. 특히 대중교통을 주로 이용하는 베이비시터가 대다수이기에 자차로 이동하는 베이비시터를 고집하는 아기 엄마들도 많았다.

"젖병은 어떻게 관리하셨나요?"

"요즘에는 다들 젖병소독기가 있지만, 소독기만으로는 안심할 수가 없잖아요. 그래서 젖병하고 이유식 용기와 치아 발육기 등은 매일 열탕 소독하는 것을 원칙으로 했어요. 그리고 아기가 빨고 노는 장난감과 거즈 손수건은 일주일에 두 번 정도 열탕 소독을 했어요."

"아기 배변 처리는 어떻게 하시나요?"

"배변 후에는 반드시 물로 씻겨줘요. 물티슈로 닦으면 항문이 빨개지고 심하면 염증이 생겨서 안 좋아요. 특히 여자아이는 배변 시 기저귀 갈 때 주의해야 해요. 반드시 앞에서 뒤로 닦아줘야 해요. 잘못하면 요로감염이 올 수도 있거든요!"

"아기 예방접종이나 소아과에 데리고 간 경험이 있으신가요?"

"네. 아기 엄마가 회사일 때문에 시간을 내지 못해서 데리고 가서 예방접종을 했습니다. 아기가 열이 나서 소아과에 데리고 가서 진료받은 적도 있어요."

"열이 났을 때 당황하셨겠네요?"

"아기가 잘 안 먹고 보채서 이마를 만져보니 뜨겁더라고요. 거의 39도 가까워서 아기 엄마한테 연락해서 병원으로 데리고 갔어요. 나중에 아기 엄마가 조퇴하고 왔더라고요. 다행히 열은 내렸지만 아기를 돌보다가 건강에 이상이 오면 부담스럽죠."

"혹시 베이비시터 교육을 받을 때 유아 관련 응급처치나 심폐소생술 같은 교육을 받으셨나요?"

"직접 경험은 없지만(웃음) 실습과정이 있었어요."

똑똑한 아기 엄마의 건강과 위생 부분의 인터뷰 대화 내용이다. 인터뷰를 진행하는 아기 엄마도 당차고 야무지지만, 그에 못지않게 답하는 베이비시터도 아주 차분하게 얼굴에 미소를 지으면서 진지하게 답하는 걸 알 수 있다. 건강과 위생 부분에서 거의 100점짜리 완벽한 시터이지 않은가. 자기관리가 확실히 된 베이비시터로 보인다.

위생관리 습관들이기

코로나19가 가져다주는 경고는 우리 생활 전체를 바꾸고 있다. 처음 코로나19가 유행할 무렵 신생아를 둔 아빠는 퇴근 후 겉옷을 밖에서 벗고 들어오고 옷을 전부 세탁하는 등 위생관리를 철저히 해야 했다. 이로 인해 생활 속 바이러스 살균에 대한 필요성 때문에 해당 관련 가전제품들의 인기가 치솟았다. 스팀을 활용해 살균 효과를 기대하는 의류 관리기와 살균 기능이 더 강해진 식기세척기 등에 대한 관심이 폭발적으로 늘어났다. 특히 홈케어 업체의 에어컨 청소 서비스는 전년대비 거의 세 배가 늘었다고 한다.

아기는 호기심 덩어리라고 봐야 한다. 어디 어느 곳을 가거나 신기한 것과 새로운 것에 대한 호기심이 발동한다. 그러므로 뭐든 만져보고 싶어 하고 콕콕 손가락으로 찔러보고 싶어 한다. 아주 자연스러운 행동이다. 이렇게 활동량이 많은 아이의 손에는 어떤 세균과 바이러스가 묻어 있을지 모른다. 그렇기 때문에 어린아이의 어린이집 가방에도 손소독제 제품이 필수다.

손소독제 사용도 중요하지만, 어린아이에게 가장 중요한 것은 위생관리 습관을 길러주는 것이다. 이는 주 양육자가 우선 모범을 보여야 아이에게 학습효과가 있다. 언제 어디서나 손 씻는 모습, 기침하는 예절, 식사 후 양치하는 습관 등 모든 것을 그대로 모방하는 어린아기에게 위생관리에 모범을 보이면 아기의 습관형성에 도움을 줄 수 있다.

이렇듯 아기를 육아하는 가정에서의 위생관리는 중요한 사안일 수밖에 없다. 면역력이 약한 아기에게 위생관리는 건강을 위한 필수사항이다. 아기에게 매일 주스 한 잔을 먹이면 도움이 된다는 이론에 대해 당 성분 때문에 오히려 충치와 과체중에 노출된다는 미국소아과학회의 발표가 있었다. 주스 한 잔으로 아기의 건강을 논할 문제는 아니라고 생각된다. 중요한 건 위생관리로부터 건강이 시작된다는 걸 알아야 한다.

내 아기를 맡겨야 하는 주 양육자를 결정하는 시점에서 당신은 깐깐해야 한다. 당신이 절대 양보해서는 안 되는 게 건강과 위생 부분이다. 더 까칠해져도 된다. 양보해야 할 후순위 부분은 채용을 결정한 후에도 충분히 가능하다.

4장

빌트인 베이비시터 만들기

사전에 정확한 업무지침 만들기

근로계약서 작성하기

어느 자영업을 하는 아기 엄마 얘기다. 이 엄마는 아기가 돌 지난 후부터 3년 동안 베이비시터를 채용했는데, 갑자기 경영 사정이 좋지 않아서 베이비시터를 해고하기로 했다. 그 과정에서 베이비시터가 퇴직금 600만 원을 요구하였다. 즉, 한 달 급여가 200만 원이고, 3년 근무했으니 3개월 급여를 달라는 얘기다.

반면 아기 엄마는 회사 사정이 좋지 않아 절반인 300만 원밖에 드릴 수 없다고 하며 서로 신경전을 벌였다. 주변 아기 엄마들은 대부분 이해할 수 없다며 한 푼도 주지 말라고 했다. 그동안 아이를 키워준 데 대한 감사의 의미로 어느 정도는 생각할 수 있지만 퇴직금은 경우에 벗어난다는 목소리를 냈다.

베이비시터에게 퇴직금을 지급하지 않아도 법적으로 문제는 없다. 그러나 3년이라는 긴 기간이라면 서로 쌓아온 인간관계가 있으므로 곤란한 일이 일어나기 전에 미리 정확한 가이드라인을 설정해둘 필요가 있다. 즉 현재 베이비시터를 채용 중이거나 채용을 계획한다면 업무 종료 또는 해고할 때 일어날 수 있는 모든 상황을 대비해서 업무지침을 만들어야 한다. 특히 개인 간 직거래일 때는 반드시 근무계약서가 필요하다는 걸 인지해야 한다.

검증 또 검증해서 어렵게 베이비시터 채용을 결정하였다면 이제 무엇부터 해야 하는지 순서를 정해야 한다. 검증된 파견 업체 소속인 베이비시터는 세세한 사항을 회사와 고객이 사전에 조율한 상태라서 업무에 대한 근로계약은 필요없다. 문제가 발생하면 회사와 협조하고 의사소통하면 되기 때문이다.

문제는 직거래로 1:1 채용을 할 때다. 이때는 사전에 서로 정확한 약속을 정해 계약서를 작성해야 한다. 계약서 없이 업무를 진행하면 중간에 불미스러운 충돌과 불편한 이해관계가 생길 수 있다. 이러한 문제를 사전에 차단하기 위해서 계약서가 필요하다. 계약서를 쓰면 서로 사사로운 일이 발생해도 깔끔하게 해결할 수 있는 지침이 된다. 쉽고 단순하게 생각해보자.

아기 엄마가 사업자라고 생각하면 좀 더 쉽게 이해할 수 있을 것이다. 사업자가 되는 과정은 처음부터 쉽지 않다. 어렵고 때론 힘들며 직원과 고용주로서 갈등도 있을 것이므로 이해가 빠를 것이다. 궁극적으로는 내가 선택한 시터이므로 자신이 원하는 기준대로 룰을 만들어야 한다. 처음 시작할 때 프레임을 잘 만들어야 훌륭한 리더로서 역할을 다할 수 있다.

근로계약서(예시)

1. 근로 시작일: _____년__월__일
2. 근무 요일 및 근무 시간: 주말 및 법정공휴일을 제외한 주5일(평일) ○○시부터 ○○시까지(○○시간) 지정근무시간 외에 초과근무가 필요할 경우 사전에 조율하여 상호 협조하여 진행한다. 휴가는 의뢰인 휴가 일정에 따라 협의 후 진행한다.
3. 근무 장소: 의뢰인 자택
4. 업무 범위: 베이비시터(아기 관련 업무)/베이비시터 + 가사(아기 관련 업무 + 가사범위 명시)
5. 급여: 시급/월급(공휴일 휴가 유급 명시), 지급일 명시(매월 말, 급여계좌에 이체 지급한다) 퇴직금 유무 명시
6. 계약해지
   - 쌍방 중 어느 한쪽의 명백한 과실이 발생할 경우 상대방은 본 계약을 해지할 수 있다.
   - 어느 한쪽 의사로 본 계약을 해지하고자 할 경우 계약해지 1주일 전에 상대방에게 알린다.
7. 계약 시 시터는 신분증사본/여권사본, 가족관계증명서, 주민등록등본, 자격증 및 수료증 사본, 6개월 내 보건증, 가족 연락처를 제출한다.
8. 근무 중에 베이비시터 업무에 방해되는 행위를 하지 않는다(TV 시청금지, 스마트폰 사용 자제, 타인방문금지 등 기타 제반사항은 협의하에 조율한다.)
9. CCTV 설치에 동의한다.
10. 기타사항은 근로기준법에 의거한다.

○○○○년 ○○월 ○○일

의뢰인 이름 ________________서명	주민등록번호 ____________________
연락처 ______________________	주소 ________________________
베이비시터 이름 ____________서명	주민등록번호 ____________________
연락처 ______________________	주소 ________________________

공들여 만든 관계의 시작이 자그만 갈등 때문에 삐그덕거리며 출발해서는 안 될 것이다. 계약서 없이 근무할 경우 아기 엄마가 미처 요구하지 못한 사항을 중간에 얘기하다보면 자칫 간섭한다는 오해를 받을 수 있고, 시터도 미처 발견하지 못한 부족한 점 때문에 아기 엄마한테 추가 요구를 하게 되면 서로 감정이 나빠질 수 있다. 따라서 이렇게 예상하지 못한 상황이 일어나지 않도록 사전에 치밀하게 준비해야 한다.

업무범위 정하기

업무범위는 서로 협조하여 조항을 기재해야 한다. 베이비시터와 가사 겸 베이비시터의 업무는 명확히 구분해야 추후에 문제가 발생했을 때 계약서를 근거로 해결할 수 있다. 업무범위 항목을 대충 기재하는 것은 서로에게 도움이 안 된다.

'상대방이 알아서 해주겠지' 하는 식의 태도는 없어야 한다. 원하는 항목을 정확히 구분하고 시터도 베이비시터의 업무에 해당하지 않는 항목은 삭제하도록 요구하는 게 맞다. 근로계약서는 서로 합의하여 이루어져야 차후에 문제가 안 되고 서로 불편한 관계가 되지 않을 것이다. 근로계약서에 명시하지 않은 사항은 서로 융통성을 발휘하여 양보하고 배려하면 해결될 것이다.

계약서는 절대 일방적이어서는 안 되고 쌍방이 함께 합의하여 작성함을 원칙으로 한다.

자, 이제 시작이다

당신은 그토록 절실하게 아니 절박하게 원하던 베이비시터와 동행을 시작했다. 아기의 미래를 위한 씨앗을 뿌리는 작업이다. 사전에 베이비시터가 해야 할 지침을 정하고 조율하는 과정은 서로에게 책임과 의무가 뒤따른다.

베이비시터 채용을 결심하고 결정하는 과정에서 절박했던 초심을 잃지 말아야 한다. 결정할 때까지 매사에 신중했던 만큼 근로계약서 또한 깐깐하게 작성해야 한다. 첫걸음의 지침을 정확히 정하면 상호 필요 없는 감정의 소모도 없다. 내가 야심차게 기획한 육아 프로젝트는 반드시 성공할 것이라는 신념으로 시작해보라.

기다림은 미학이다

애착형성의 시간이 필요하다

나는 운전할 때 클랙슨을 거의 누르지 않는다. 내가 클랙슨을 누르는 경우는 기다리고 기다리다가 인내심에 한계가 오는 최후의 순간이다. 즉 연세가 많아서 귀가 어둡거나, 혹은 차도에서 자전거를 탄 사람이 위험할 때 등 불가피한 경우에 최소한 들릴 듯 말 듯 살짝 울린다. 상대방이 깜짝 놀라는 일이 없도록 말이다. 물론 돌발상황은 예외다.

내 운전 경력은 20대 후반부터 시작했으니 거의 40여 년이다. 나도 40대쯤에는 카레이서 수준이라고 할 만큼 스피드를 즐기기도 했다. 그렇다고 민폐를 끼치거나 경우에 벗어나게 운전한 기억은 없다. 가끔 운전하다보면 길거리에서 시비가 붙어 교통체증을 일으키는 경우를 본다. 왜 클랙슨을 눌러대느냐며 운전자끼리 멱살잡이까지 하는 경우도 있다. 그럴 때마다 생각한다. 기다려주면 될 것을, 서로 양보하면 되는 것을 하고. 사람과의 관계에서 기다림은 상대에 대한 신뢰를 베이스로 깔아주는 마음이다.

선배 맘들 조언 좀 부탁해요. 아기는 11개월이고요. 저는 복직한 지 보름 지났어요. 복직 보름 전에 베이비시터 분을 아주 힘들게 찾아서 함께 아기를 돌봤어요. 문제는 제가 퇴근해서 오면 아기가 저한테 안겨서 시터 분에게 가질 않아요. 혹시 시터랑 잘 안 맞는 걸까요?

시터 분은 엄마가 퇴근하기 전까지는 잘 놀았다고 하는데 아기가 시터 분을 외면합니다. 그러면 시터 분이 섭섭한 표정으로 미소를 지으십니다. 그런데 아침에 출근할 때는 아기가 시터 분한테 또 곧잘 안깁니다. 정말 어렵게 만난 분인데 걱정이네요.

보름이라는 적응기간에 함께했을 때 참 좋은 분이었고, 지금도 그 생각은 변함이 없습니다만, 그래도 아기를 떼어놓고 일하는 엄마인지라 노파심에 질문 드려요.

조언을 구하는 아기 엄마를 보면 마음은 이해하지만, 너무 성급한 게 아닌가 해서 안타깝기 그지없다. 다시 말하면 앞서 얘기한 신호대기 중 앞차 운전자가 한눈팔다가 몇 초 늦게 출발한다고 클랙슨을 울리는 뒤차 운전자와 그 성급함이 다를 바가 없다. 질문한 엄마의 아기는 태어난 후 육아 휴직 기간 동안 엄마와 애착이 형성되어 있는 상태다.

거의 1년을 엄마와 함께한 아기에게 한 달을 갓 넘긴 베이비시터와 엄마를 선택하라고 하면 누구에게 가겠는가. 아기에게도 충분한 시간이 필요하다고 생각해야 한다.

그렇다고 또 아기가 엄마에게 매달린다고 밀어내면 절대 안 된다. 시간을 충분히 갖고 서서히 아기와 베이비시터 간에도 애착이 형성되도록 다양한 방법을 시도해야 한다.

아기가 젖을 떼는 과정을 생각해보자. 우선 아기가 엄마젖을 대신해서 흥미를 느낄수 있는 장난감이나 물건을 주어야 한다. 아기의 관심을 다른 곳으로 유도하기 위해서는 아기가 어떤 것에 흥미를 느끼는지 파악해야 한다. 즉 아기가 관심을 자연스럽게 옮기도록 해주는 게 중요하다. 이때 아기가 자꾸 안기면서 매달린다고 뿌리치면 안 되고 더 꼭 안아줘야 한다. 이 과정을 몇 번이고 반복해서 인내심 있게 진행해야 한다. 아기와 더 많은 스킨십을 하면서 엄마 살갗 느낌이 나는 부드러운 이불이나 싸개 등으로 꼭 감싸주는 방법도 좋다.

그러면 아기는 갓 태어났을 때 따뜻했던 엄마 품을 기억하며 그 이불에 아늑함과 편안함을 느끼고 안정을 찾는다. 이 느낌은 아기의 본성이기도 하다. 어른들은 아기가 안정감을 찾을 때까지 인내하며 기다려줘야 한다. 베이비시터와의 애착 형성도 기다리다보면 어느 순간 쉽게 해결될 것이다.

인내심을 채비하자

많은 사람이 많은 것을 동시에 요구한다. 이는 결국 순서대로 일을 처리하는 것보다 더 나쁜 결과를 초래하는 경우가 많다. 하나씩 하나씩 프로세스에 따라 나아가야 원하는 것을 성취할 수 있다. 이를 알면서도 서두르는 원인은 욕심이 앞서서다. 육아가 하루아침에 원하는 대로 뚝딱 이루어진다면 이 세상 엄마들이 왜 육아 때문에 그렇게 고민하고 걱정을 짊어지고 살겠는가. 그만큼 어려운 게 육아이므로 인내심을 채비해야 한다.

급할수록 돌아가라는 말이 있듯이 조바심을 낸다고 해결되지 않는 게 육아다.

집에서 반려견을 키워보았거나 현재 키우는 사람이라면 애착이라는 인간 본능의 심리학을 쉽게 이해할 수 있을 것이다. 강아지는 자기를 가장 사랑하는 사람을 본능적으로 알고 그 대상을 서열 1위인 보호자로 인식한다. 서열 1위가 외출에서 돌아오면 강아지는 세상을 얻은 양 기뻐서 날뛰고 시선을 보호자에게서 한시도 떼지 못한다. 주인이 어디를 가든지 발끝을 따라다니고, 어디에 있든 시선은 주인에게 고정되어 있다. 주인이 앉아 있으면 발끝에 주둥이를 대고 엎드리고, 주인과 조금이라도 더 스킨십을 하려고 안간힘을 쓴다.

아기도 마찬가지다. 아기는 출생 후 영아 때는 엄마를 확실하게 인지하지는 못하지만 본능적으로 후각이나 감각을 통해서 엄마에게 이끌리며 엄마라는 걸 느낀다. 이렇게 서서히 엄마에 대해 알아가면서 안정감을 찾아가는 과정을 겪는다.

밤에 통잠을 자기 시작하고, 아침에 일어나면 엄마 냄새와 함께 배고픔을 채워주는 수유가 기다리고, 젖어서 찝찝한 기저귀를 갈아주는 손길을 기다리는 이런 일련의 과정이 아기로 하여금 안정된 마음을 형성시킨다. 이렇게 매일 반복되는 과정이 익숙한 아기에게 어느 날부터 냄새와 모습이 다른 사람이 자꾸 다가선다면 아기는 어떤 정서를 느낄까. 아기의 마음을 어루만져주고 보듬어주는 따뜻한 마음이 필요하고 충분히 많은 시간을 할애해서 기다리는 자세가 맘과 시터에게 꼭 필요하다는 것을 알아야 한다.

이런 발상은 어떨까? 당신의 껌딱지 아기가 아인슈타인이 되기 위해 안간힘을 쓰고 있다고. 이렇게 믿으라면 아마도 이 세상 모든 엄마는 기다리는 시간 자체를 아름답다며 인내하기를 마다하지 않을 것이다. 육아란 그런 것이다. 끝없이 기다려주고 믿어줘야 한다. 엄마는 베이비시터와 아기가 애착 형성을 할 수 있도록 기다려줘야 한다.

인내하는 과정이 있어야 모든 일이 순리대로 흘러간다. 예쁜 꽃을 보려면 꽃씨를 심어야 하고 풍성한 열매를 수확하려면 씨를 뿌려야 하는 마음이면 된다. 육아만큼은 한국인의 성급한 클랙슨을 울리지 않아도 된다. 기다려주면 반드시 아름다운 수확을 가져다줄 것이다. 기다림 자체가 미학임을 믿어라.

모든 인간관계는 상대적이다

미소가 지어지는 순간

어느 날 내가 베이비시터 일을 했던 이용자 아기 집에서 반려견이 내 앵클부츠 뒤꿈치를 물어뜯는 사건이 발생했다.

"매니저님, 죄송해서 어떡해요? 바우가 신발을……!"

"하이고! 요녀석! 왜 그랬어? 응? 할머니한테 유감 있어? 하아~~ 괜찮아요. 몇 년 신은 거라서 괜찮답니다."

"제가 남편한테 전화해서 같은 걸로 구하라고 할게요."

"아뇨, 그러실 필요 없답니다, 이거 행사 때 할인해서 산 데다 신을 만큼 신었어요. 신경 쓰지 마세요!"

아기 엄마가 미안해서 어쩔 줄 몰라 한다. 내 잘못도 컸다. 신발을 신발장에 넣어놔야 했는데 그걸 신경 쓰지 못했다. 아기 엄마는 바우한테 싫은 내색 한번 없다. 나는 오늘도 젊은 아기 엄마에게 또 한 수 배운다. 정말 예의 바르고 기본 인성이 된 엄마다.

이 엄마는, 내가 개인적으로 하고 싶은 일이 있어 회사에 당분간 쉬겠다고 했는데 딱 한 달만 근무해달라는 간곡한 부탁이 있어서 어쩔 수 없이 한 달 약속으로 서비스를 진행했던 고객이다. 회사에서 이 고객을 소개해줄 때 대형 반려견이 있다는 얘기를 했다. 래브라도레트리버! 바우라는 이름을 가진 참 멋진 녀석이었다. 내가 어쩌면 회사 부탁을 더 쉽게 받아준 이유도 이 녀석 때문이기도 하다.

첫 출근날 아파트 현관에는 멋진 반려견 바우와 눈이 또랑또랑한 예쁜 6개월 된 여자 아기가 엄마 품에 안겨 있었다. 참 정겹고 인간미 넘치는 가정임을 한눈에 알 수 있었다. 아기는 낯가림도 없고 수면 교육도 잘 되어 있었다. 이틀 정도 사이클이 약간 바뀌었을 뿐 잘 놀고 잘 먹고 내 품에 곧바로 적응하였다. 아기 엄마가 둘째를 가진 지 6주 정도 되었는데, 임신 초기라서 입덧이 심하고 컨디션이 좋지 않아 한 달 단기 서비스를 요청한 가정이다. 첫인상처럼 젊은 아빠 엄마는 참으로 건전한 마인드에 무엇보다 예의가 바르며 매우 다정해 보이는 부부였다.

어느 날 출근했는데 아기 엄마가 쇼핑백을 내밀었다. 쇼핑백에는 내가 신는 브랜드의 신발이 있었다. 바우가 신발을 물어뜯는 날 국내에 재고가 없어서 해외 직구를 신청해야겠다고 해서 극구 말렸는데 결국 신청한 것이다. 괜스레 미안하기도 하고 참 난처했다. 나도 뭔가 보답해야겠다고 생각하고 고민한 끝에 아기가 읽을 만한 그림책을 선택했다.

작은 선물을 고르면서 마음이 좀 편해졌다. 한 달 근무 중에 크리스마스이브가 끼어 있어서 케이크를 선물했는데 또 그걸 놓치지 않고 아기 엄마도 작은 선물을 사서 안겼다. 한 달이란 시간이 참 빠르게 흘렀다. 아기 엄마도 눈깜짝할 사이에 지나갔다며 아쉬워하고 나도 아쉬워했던 예쁘디 예쁜 집이었다. 이 글을 쓰고 있는 순간에도 많은 순간이 떠오르며 미소가 지어진다. 아기도, 바우도, 아기 엄마도 그립다.

주 양육자와의 관계를 어떻게 맺을 것인가

사람이 살아가는 데는 따뜻함이 묻어나는 인간관계가 있어야 한다. 코로나19로 인해 사람들의 심리가 메마르고 이기적인 사회 풍조가 넘쳐나는 시기에 긍정적인 에너지를 가진 건강한 마인드를 유지하기란 쉽지 않다. 그러나 따뜻함을 기본으로 하는 인간다운 관계로 이 사회가 채워진다면 얼마나 아름다운 세상이 되겠는가.

모든 인간관계는 호응으로 이루어진다. 간단히 설명하면 상대가 부르면 당연히 답을 해야 하는 게 인간관계다. '가는 말이 고와야 오는 말이 곱다'는 속담이 인간관계의 대표적인 상대성 원리가 아니겠는가. 자신은 상대에게 사랑을 주지 않으면서 오로지 상대에게 사랑만 받으려는 것은 잘못된 사랑 방법이다.

사랑하는 사람의 손을 잡아보라. 그 사람의 손이 따뜻하면 내 손이 찬 것이고, 그 사람의 손이 차가우면 내 손이 따뜻한 것이다. 베풀 때는 조건이 없어야 한다. 상대에게서 무엇을 바라고 베푸는 것은 사랑이 아니다. 그것은 사랑을 구실로 거래하는 수단일 뿐이다. 메아리라는 게 있다. 무조건적인 베풂은 결국 메아리로 되돌아올 것이다.

"남자가 아름다운 여자의 마음에 들려고 노력할 때는 1시간이 마치 1초처럼 흘러가고 뜨거운 난로 위에 있을 때는 1초가 마치 1시간처럼 느껴진다."

아인슈타인의 이 명언은 인간의 상대성을 대변하는 표현이며 누구나 공감할 것이다. 베이비시터를 내가 원하는 양육자로 만들려면 당신의 끊임없는 노력이 필요하다. 앞에서 강조한 인간관계의 상대성 원리를 이해했다면 이 원리를 적용해보라.

1시간이 1초처럼 느껴지는 시간이 더 많아지도록 관계를 그렇게 서서히 좁혀나가보라. 당신이 노력하면 당신의 베이비시터의 아기 사랑은 2시간이 1초가 될 수도 있다. 이는 서로가 성숙된 인간관계를 위해서 노력해야 한다는 의미다. 당신이 선택한 아기 양육자와 어떤 관계를 형성해야 할까. 답은 현명한 당신이 스스로 찾기 바란다.

말하지 않아도 알 수 있다고 착각하지 마라

소통이 잘되는 대화법

외국을 여행하다 보면 엄청난 문화 차이를 느낀다. 문화가 다른 만큼 사람들도 제각기 생각이 다르고 행동에도 차이가 있다. 각국의 문화 차이만큼이나 개인의 차이도 크기 때문이다. 이러한 원리를 이해하고 인정한다면 다른 사람에 대한 이해심과 배려심이 커질 것이다. 이렇게 각기 개인의 성향과 사고가 다르기 때문에 이제 갓 인연을 맺은 친구나 직장 동료, 또는 연인 관계라면 특히 서로의 다름을 인정할 필요가 있다. 즉 자신의 시각과 생각이 상대방과 같다고 단정 짓는다면 크고 작은 오류를 범할 수 있다.

내가 얘기하지 않아도 당연히 상대방이 알아서 해줄 거야 하는 어리석고 단편적인 생각은 접어야 한다. 상대방의 다름을 인정하고 내가 원하는 것을 전달하고 관철하려고 한다면 지혜를 동원해서 솔직하게 얘기하는 게 중요하다. 또 대화할 때는 항상 자기가 옳다는 습관에 빠지지 않게 조심해야 한다.

어린이집 끝나는 시간에 맞춰 베이비시터 분이 오시는데, 제가 야근이 잦아서 대면하는 시간이 거의 없습니다. 워낙 말수가 없는 분인 건 알지만 그래도 아이들이 밥은 얼마나 먹었는지, 불편한 점은 없는지 정도는 말씀해주셨으면 좋겠거든요. 그리고 출퇴근 시간은 잘 지키는지, 아이들이 기다리는 건 아닌지 궁금한 게 한두 가지가 아닌데, 그렇다고 맨날 CCTV를 확인할 수도 없고 답답합니다. 메모 같은걸 요구하는 게 무리한 요구일까요?

이게 어려우면 애들이 얼마나 먹었는지, 무슨 반찬이랑 먹었는지 메뉴 좀 알려 달라고 하고 싶은데 그것도 기분 나쁠까요? 다른 분들은 베이비시터 분과 어떻게 의사소통하시나요? 그냥 믿고 알아서 해주시겠거니 하지만 많은 게 궁금하네요.

이 글을 보면 아기 엄마와 베이비시터 간에 업무협조 시스템이 전혀 이루어지지 않고 있음을 알 수 있다. 어떻게 근무일지를 쓰지 않는 베이비시터가 있을 수 있을까. 물론 근무일지는 수기로 작성할 수도 있고 사진을 찍어 카톡으로 알릴 수도 있다. 두 사람의 인연이 어떻게 맺어졌는지 전후 사정은 알 수 없으나 분명 잘못된 업무 처리다. 침묵이 미덕이라고 여기는 건 아닐 테고, 너무 답답하고 딱해 보인다.

아기 엄마는 처음부터 업무 방식이 잘못되었다는 것을 인지하고 베이비시터와의 관계 개선에 나서야 한다. 인간관계에서 중요한 건 상대방이 나와 사고가 다름을 인정하는 것이라고 했다. 베이비시터와 아기 엄마는 누구보다 긴밀한 관계여야 하는데 이렇게 의사소통이 안 되는 것은 문제이다.

우선 나의 사고와 행동은 기준이 엄연히 다르다는 사실부터 인식해야 한다. 그리고나서 서로에게 상처가 되지 않는 해법을 찾을 수 있다. 예를 들어 이렇게 얘기해보자.

"선생님, 제가 주말에 아이들 밥을 먹이는데 잘 안 먹네요! 그 사이 선생님이 만들어주신 반찬이 맛있었는지 제가 만들어준 반찬을 안 먹으려고 해요. 반찬을 어떻게 해주셨길래 그럴까요?(웃음). 사실 제가 집에 없으니 아이들 건강과 영양에 신경이 많이 쓰여요. 제가 참고할 수 있게 아이들이 저녁에 무슨 반찬을 잘 먹고, 밥은 얼마나 먹는지 혹시 일지나 메모를 부탁드려도 될까요?"

이렇게 정중히 부탁하는데 과연 기분 나빠 할 베이비시터가 있을까. 사실 이 아기 엄마는 자신이 당연히 요구해서 받아야 할 권리를 처음부터 찾지 못했다. 늦게라도 수습하려면 이런 대화로 지혜롭게 유도해서 관계를 이끌어나가야 한다.

사소한 감정이라도 베이비시터가 아기 엄마의 마음까지 헤아려줄 거라는 기대는 하지 말아야 한다. 물론 베테랑 베이비시터는 충분히 사전에 근무일지를 준비하고 꼼꼼히 메모해서 아기 엄마에게 인계한다. 아니 베테랑이 아니라도 베이비시터 교육을 받은 사람이라면 당연한 임무로 알고 있다.

대화가 잘 통하지 않아 곤란한 일이 일어나는 경우가 월급 인상 문제다. 베이비시터가 월급을 인상해달라고 요구하는데 형편상 인상이 불가능하여 다른 베이비시터를 구인해야 하는 상황이 생길 때가 종종 있다. 이런 상황을 "월급 인상은 곤란합니다!"라고 직설적으로 얘기하면 상대방은 대부분 "그렇게 하세요 그럼!"이라고 퉁명스럽게 대답한다.

베이비시터 입장에서는 월급 인상이 안 되더라도 옮길 계획이 없었는데, 이용자가 강압적인 태도로 말하니 시터가 아기 엄마를 밀쳐낸 것이다. 이럴 때는 이렇게 얘기해보자.

"사실 현재 월급으로 근무하겠다는 분도 계시지만, 저는 선생님하고 계속 일하고 싶답니다. 다만 저희 형편이 어려워서 선생님이 요청하신 월급 인상을 당장 들어드릴 수가 없어요. 제 마음은 아이들이 선생님을 좋아하고 정도 많이 들어서 쭉 함께했으면 좋겠는데 어떠신지요? 저희 형편이 좋아지면 그때 인상을 고려해보겠습니다. 부탁을 드려도 될까요?"

이 대화는 같은 내용을 우회적으로 표현한 것이지만 상대방에게 정중하게 도움을 요청하는 느낌을 준다. 이런 대화는 상대에게 문제를 폭넓게 해결할 여지를 준다. 이처럼 선택의 주도권을 넘기면 상대의 감정적 반응을 최소화하여 원하는 것을 얻을 수 있다.

자주 대화하라

언젠가 나는 반려견이 있는 고객 가정에서 서로 의사소통이 되지 않아서 혼선을 빚은 적이 있다. 아기 배변 기저귀를 여느 집처럼 부엌에 있는 밀폐형 쓰레기통에 버렸다. 그 후 우연히 화장실에 가게 됐는데 거기에도 밀폐형 쓰레기통이 있는 게 아닌가. 그때서야 고객에게 물어보니 화장실에 있는 쓰레기통에 반려견 산책 시 담아온 배변을 버리고 있고, 아기 배변 기저귀도 그 쓰레기통에 버려야 한다고 설명을 듣게 됐다.

큰 문제는 아니지만, 이 역시 미리 얘길 해주지 않아서 생긴 문제다. 서로 웃고 넘어가는 자그마한 일일지라도 육아 일에서는 상대가 알 거라고 착각하면 안 된다. 당신은 현재 함께 호흡을 맞추고 있는 베이비시터와 원활하게 의사소통하고 있는가?

사람과 사람의 관계에서는 대화의 기술에 따라서 의사소통이 쉽게 이루어지거나 의도하는 대로 합의를 도출할 수도 있다. 상대의 마음이 늘 내 마음과 같을 수 없다는 걸 항상 인지해야 한다.

지금 파트너인 베이비시터와 함께 시작하는 출발점에 서 있다면 대화는 항상 열려 있어야 한다. 수시로 대화하라. 대화 역시 상대와 다름을 인정하는 상호 소통 방법이다. 일방적인 대화보다 쌍방이 공감하는 소통 방식의 대화를 추구해야 한다. 어렵게 맺은 인연인 만큼 긴 여정을 위한 상호 대화는 필수다.

가까워질수록 예의를 갖춰라

베이비시터의 기본 자질

둥이 맘인데 베이비시터를 바꿔야 하는 게 아닌가 고민입니다. 베이비시터가 온 지 일주일이 지났어요. 근데 일하다 보니 이건 아니다 싶은 게 많은 거예요. 선배들의 의견을 듣고 싶습니다.

우선 첫날 출근하자마자 제 나이를 물어보더니 반말부터 하는 거예요. 제 나이는 40세고 베이비시터 분은 47세거든요. 게다가 얼굴에 웃음기가 없고 어두워요. 전화통화를 하면 우울한 목소리고 가정일이 복잡한 게 많아 보여요.

제가 혼자 있을때는 둥이를 놓고 기저귀를 버리지 못해서 부탁 했더니 싫은 얼굴을 하더라고요. 오늘도 퇴근길에 좀 버려달라고 부탁했는지 못 들은 척 그냥 퇴근해버리네요. 베이비시터면 아기와 관련된 일은 다 해야 하는 게 아닌가요?

그리고 아기들이 거실에서 주로 생활하는데 청소도 매트 주변만 돌돌이로 한번 쓱 밀고 말아요. 그러면서 저한테 솔직히 물걸레로 닦기 싫다고 하네요. 빨래도 아기방에 갖다 넣어줘야 하는데 소파 위에 그냥 놓고요. 이것도 제가 정리해야 해요. 목욕시킬 때도 짜증을 냅니다. 그리고 무엇보다 저를 가르치려 들어요. 저도 육아 공부를 많이 해서 정보가 많은데 말입니다. 이 정도면 바꾸는 게 맞겠죠?

위 대화에 나오는 베이비시터는 정말 자질이 빵점이다. 어떤 경로를 통한 인연인지 알 수는 없지만 문제점이 하나같이 시터의 본분에서 벗어난다. 하나하나 되짚어보자.

먼저 아기 엄마에게 반말을 한다는 건 있을 수 없다. 요즘에는 아기에게도 경어를 쓰는데 하물며 아기 엄마에게 반말이라니, 시터로서 교육이 전혀 안 되어 있다. 또한 근무 중에 전화 통화는 특별한 일이 아니면 삼가야 한다. 특별한 사정이 있다면 아기 엄마에게 양해를 구하고 통화하는 게 원칙이다.

기저귀 쓰레기 배출은 당연히 시터가 하는 일이며, 아기가 생활하는 공간을 청소하고 정리정돈하는 것은 기본이다. 아기 옷도 세탁 후 개어서 아기 옷 서랍에 넣어주는 게 원칙이다. 아기 엄마를 가르치려 해선 안 된다. 이 사항은 시터가 해서는 안 되는 강력한 금지 사항이다.

해당 시터는 이상과 같이 기본 자질을 하나도 갖추고 있지 않다. 베이비시터 교육을 이수했는지도 의문이고, 아기 엄마 또한 시터 채용 전에 어떤 검증을 거쳤는지 의문이다.

언젠가 어느 종합편성채널에 연예인 가정에서 일하는 베이비시터가 나왔는데 근무 자세가 영 눈에 거슬렸다. 아기 엄마에게 반말을 그것도 아주 스스럼없이 하는 게 아닌가. 아무리 가까워지고 친해졌다고 해도 반말로 하는 대화는 잘못된 태도다.

아기 엄마들이 시터의 태도에 대해 가장 많이 지적하는 부분이 아기가 낮잠 잘 때 함께 잠을 자거나 소파에 누워서 TV를 시청한다는 것이다. 심지어는 아기가 깨어 있을 때에도 TV를 상시 켜놓는다고 한다. TV를 시청하는 것은 아주 심각한 문제다.

베이비시터는 엄연히 급여를 받고 일하는 직장인과 다름없다. 절대 해서는 안 되는 근무 행태다. 가장 기본적인 사항마저도 지키지 않는다면 계속 같이 일할 것인지를 심각하게 고려해야 한다. 또 쉬는 시간이 아닌데 누워서 낮잠을 자는 것 역시 잘못이다.

베이비시터의 호칭

다음 대화는 4세 딸아이와 베이비시터가 출근하는 엄마를 배웅하는 모습이다. 베이비시터는 60대 초반으로 아이 엄마의 친정엄마와 비슷한 연배다. 원래 친정엄마가 딸아이를 돌봤는데, 허리디스크 수술을 해서 더 이상 돌볼 수 없는 상태다. 아이 엄마는 아이에게 꼬박꼬박 경어를 쓴다. 그래선지 딸아이도 엄마와 똑같이 경어를 쓰는 그야말로 엄마 따라쟁이인 귀엽고 예의 바른 아이다.

"선생님, 다녀오겠습니다! 우리 공주 잘 부탁합니다!"

"네네, 걱정하지 마시고 잘 다녀오세요."

"엄마! 어린이집에도 선생님이 계시는데, 우리 집에도 선생님이 계시는 거예요? 그럼 우리 집도 어린이집이네요?"

"아, 그래 맞아요! 우리 공주는 그냥 할머니라고 불러도 돼요."

"맞아요! 할머니가 앞으로 공주님하고 지낼 거예요! 엄마 잘 다녀오세요 하고 인사할까요!"

가끔 아기 엄마들이 베이비시터의 호칭에 대해 질문할 때가 있다. 인간관계는 극히 상대적이다. 질문하는 아기 엄마의 마음속 깊은 곳을 들여다보라. 혹시 베이비시터를 한 수 낮게 혹은 아랫사람 부리듯 대하고 싶은 마음이 자리 잡고 있는 게 아닌지를. 어떤 대답을 듣고 싶어서 질문을 한 건지 자신을 들여다볼 시간이 필요하다. 간절한 마음으로 베이비시터와 동행하기로 결정했다면 스스로에게 물어보라.

만약 전혀 그런 마음이 아니라면 구태여 고민할 필요가 없다. 그러나 행여라도 그런 생각이 마음속에 자리잡고 있다면 그런 마음은 깨끗이 버려야 한다. 적어도 자기 자신을 사랑하는 사람이라면 상대를 존중할 줄 아는 인격체일 것이다.

그렇다면 진심으로 시터를 존중할 것이고 자신과 똑같은 인격체로 대할 것이다. 따라서 호칭뿐만 아니라 시터를 대하는 태도도 잘 이해 했으리라 본다. 나는 개인적으로 이모라는 호칭을 별로 좋아하지 않는다. 아기 엄마와 베이비시터 사이에는 지켜야 할 선이 있는데 이모라는 호칭은 그 선을 무너뜨릴 수 있기 때문이다.

아기 엄마는 시터를 매니저님이나 선생님이라고 부르는 게 적당하다. 연세가 많다면 선생님이라는 호칭이 무난하다. 시터는 아기 엄마를 공주 어머니, 공주 어머님, 고객님이라고 부르는 게 적당하다.

아기는 시터를 선생님이나 할머니라고 부르는 게 상호 예의에 벗어나지 않는 호칭이다. 시터와 아기 엄마의 나이가 엇비슷하다면 어느 정도 친해졌을 때는 공주 엄마라고 호칭하는 것도 나쁘지 않다. 그러나 상호 경어는 필수다. 아기 엄마가 나이가 어리다고 해서 반말을 하면 절대 안 된다. 아기에게도 경어를 사용하는 것이 교육적으로 바른 태도다.

아이는 어른의 언행을 100퍼센트 따라한다. 어른들이 얼마나 예의 바르게 언행했는지는 아이를 보면 알 수 있다. 베이비시터와 행복한 육아를 해나가려면 상호 협심해야 한다. 말에도 에너지가 있다. '우리 공주' 하면 공주가 되고 '이놈' 하면 당신의 아기는 '이놈'이 된다.

베이비시터는 슈퍼우먼이 아니다

베이비시터의 업무영역

"딱! 딱! 거기까지!"

맘들의 소통 공간에서 베이비시터의 업무를 두고 최고 많이 등장하는 어구가 바로 '딱'이다. 부사인 '딱'은 사전적 의미로 '빈틈없이 맞닿거나 들어맞는 모양'이다. 그 말이 딱 맞다. 이미 베이비시터를 채용하고 있거나 채용을 계획하는 엄마들이 한결같이 궁금해하는 내용이 베이비시터 업무가 어디까지인지다.

베이비시터를 채용하려고 하는데 하는 일이 어디까지인지 궁금해요. 아기 빨래, 젖병 소독, 아기가 활동하는 영역. 청소기 돌리기, 아기가 노는 매트 걸레질, 장난감 정리, 이유식 설거지, 아기 옷 세탁하기 딱 여기까지인가요? 그 외에 혹시 주방, 거실, 서재 청소나 어른 설거지, 분리수거를 업무에 추가하면 안 되나요?

저는 베이비시터 분이 새로 오신 지 일주일이 되어간답니다. 그런데 제가 퇴근해서 오면 거실이 청소가 전혀 안 되어 있고, 어른 세탁물이 그대로 있어요. 아기들 세탁기 돌릴 때 어른 세탁기도 바로 옆에 있는데 같이 돌리면 안 되나봐요. 10개월 아기 돌보고 네 살짜리 첫째는 어린이집 하원시켜서 케어해주는 일이거든요. 두 아이 돌보시는데 많이 힘드시 건 알지만 제가 너무 지나친 걸 기대하는 건가요? 월급은 200만 원 드리고 있거든요!

질문 내용을 보면 두 아기 엄마 모두 베이비시터의 업무를 대부분 꿰고 있거나 알고 있다. 첫 번째 아기 엄마는 채용 전에 고민하고 있는 게 훤히 들여다보인다. 무슨 대답을 듣고 싶은 걸까. 아기 엄마는 가사까지 업무에 추가하고 싶은데 그게 마음이 편치 않아서 고민하고 있다. 온전히 아기만을 위해 구한 베이비시터라면 가사까지 업무 범위에 추가하는 것은 아기를 위해서도 바람직하지 않다. 만약 아기가 어린이집을 다닌다면 그 시간에 가사 업무를 추가해서 시간과 보수를 조정하면 상호 고민거리가 깔끔하게 정리될 것이다.

두 번째 아기 엄마도 역시 베이비시터의 기본적인 업무를 너무 잘 파악하고 있다. 이 경우 시터의 하루 일과를 대략 체크해서 그려보자. 첫째 어린이집 등원은 부모가 시켜준다 치고, 시터는 아기 엄마 출근에 맞춰 출근할 것이다. 출근하자마자 아기 첫 수유를 시작할 것이고, 수유 후에 전날 밤 나와 있는 아기 젖병 소독하기, 출근하면서 어질러진 집 안 정리하기, 아기 주변 청소기 돌리기, 아기와 놀아주기, 오전 이유식 먹이기, 이유식 만드는 날이면 이유식 만들기 등 눈깜짝할 시간에 오전이 훌쩍 지나간다.

점심도 대충 먹는 둥 마는 둥한 후 아기 배변 기저귀 갈고 씻기기, 오후 수유, 수유 마치면 아기 낮잠 재우기, 낮잠 재우고 나면 또 할 일이 많다. 만약 아기가 낮잠을 안 자면 아기를 안아 어르거나 아기 띠를 메고 밀린 일을 할 때도 있다. 젖병·이유식기·장난감 등 열탕 소독하기, 아기 옷 세탁기 돌려서 널기, 건조 끝나면 아기 세탁물 꺼내서 개키기, 아기 놀이 매트 주변 청소하기 등을 해야 한다. 아기가 낮잠을 길게 자면 잠시 앉아서 휴식할 수 있을 것이고 금방 깨면 휴식시간은 주어지지 않을 것이다. 오후에 똑같은 일을 반복하다 보면 첫째의 하원 시간이다.

아기를 유모차에 태워 하원하는 첫째를 데려오면 둘 다 목욕시킨 후 저녁을 먹여야 한다. 그야말로 시간이 모자랄 정도다. 시터에게 보수를 얼마나 많이 주느냐가 중요한 게 아니다. 제대로 쉴 수 있는 시간을 보장하지 않은 채 그 이상의 서비스를 바라다니 아기 엄마의 태도와 심리가 궁금하다. 도대체 어떤 답변을 기대하고 동의를 구하려는 걸까? 베이비시터는 초능력을 가진 슈퍼우먼이 아니다. 시터가 모든 일을 100퍼센트 완벽하게 할 수 없다는 것을 인정하면 서로 마음이 편해질 것이다.

두 번째 엄마는 기본적인 마인드가 정립되어 있지 않다. '딱' 거기까지조차 적용하기 과분한 엄마의 모습이다. 그런 마인드라면 아마 머지않아 베이비시터에게 '딱' 차일 것이 분명하다. 이 엄마는 동료나 선배맘들에게 조언을 구할 게 아니라 먼저 자기 자신을 되돌아보고 반성해야 한다.

슈퍼우먼은 없다

2019년에 개봉한 〈82년생 김지영〉과 2012년 미국에서 개봉한 〈하이힐을 신고 달리는 여자〉는 공통 주제가 워킹맘의 애환이다. 〈82년생 김지영〉은 개봉 당시 국내 워킹맘을 비롯해서 50년생부터 60년생의 딸을 둔 친정엄마까지 많은 여성의 공감대를 불러일으켰다. 그 영화를 본 워킹맘들은 동병상련의 아픔으로 눈물을 흘렸다. 〈하이힐을 신고 달리는 여자〉 역시 코믹하게 연출된 영화로 일하기를 좋아하고 능력을 인정받는 워킹맘이지만 이면에는 아이와 가족의 행복 때문에 늘 갈등한다. 엄마의 마음은 모두 완벽하게 해내고 싶은 욕망으로 가득하다. 그러나 슈퍼우먼이 아닌 이상 두 마리 토끼를 한꺼번에 다 잡을 수는 없다.

당신도 혹시 슈퍼우먼 콤플렉스에 빠져 있는 건 아닌지 체크해보라. 직장에서 받는 스트레스 때문에 불만과 서운함이 쌓이고 있는 건 아닌지 돌아보라. 또 슈퍼우먼 신드롬에 빠져서 두 마리 토끼를 잡으려다가 지치지 않았는지 체크해보라.

당신이 바라는 대로 살려면 의식적으로 선택해야 한다. 기본이 되고 인성이 된 베이비시터에겐 '딱'이란 선의 개념이 없다. 가능한 범위, 즉 시간이 허락하거나 여유가 있으면 워킹맘의 고달픔을 이해하는 마음이 발동된다. 즉 친정엄마의 마음으로 시터 업무 이상도 도와줄 것이다. 당신이 어떻게 노력하느냐에 따라서 베이비시터도 마음과 행동이 움직인다. 그리하면 당신의 시터는 '딱'이라는 선을 수시로 넘나들 것이다.

반대로 딱 거기까지만 다가서고 넘고 싶지 않다면 선은 거기서 멈출 것이다. 그러니 인정해야 한다. 어차피 인생은 저글링이다. 당신이 슈퍼우먼이 될 수 없듯이 베이비시터도 슈퍼우먼이 될 수 없다는 것을 인정하자.

베이비시터는 왕이다?

베이비시터는 파트너다

어느 블로그에 '베이비시터 구하는 팁'이라는 글이 올라와 눈여겨본 적이 있다. 베이비시터와 아기 엄마의 관계를 갑을 관계로 규정 짓는 것은 참으로 위험하고 잘못된 사고다. 블로그 주인은 중국 교포인 베이비시터가 '사모님' 호칭을 쓰는 것에 대해서 상하관계가 확실하고 편해서 좋다고 의견을 제시했다. 하지만 베이비시터와 아기 엄마는 절대 상하 관계가 될 수 없다.

그렇다면 어린이집이나 유치원, 더 나아가서 초등학교 선생님과도 상하 관계가 성립되어야 한다. 베이비시터와 워킹맘은 육아를 함께 책임지는 주 양육자이자 같은 길을 가는 파트너와 다름 없다. 베이비시터의 평균 나이가 50대 중반이라고 한다. 대부분 부모님 나이대다. 자신을 '사모님'이라고 불러주기를 원하는 젊은 아기 엄마는 베이비시터에 대한 인식이 잘못된 것이므로 고쳐야 할 심각한 문제다.

또 이 아기 엄마는 시터와 오래 함께할 생각이면 가족처럼 지내서는 안 된다고 덧붙였다. 이 부분도 잘못된 생각이다. 장기간 함께해야 하는 시터일수록 가족 같은 관계가 형성되어야 한다. 많은 아기 엄마들이 베이비시터와 친밀하게 지내려고 얼마나 신경을 많이 쓰고 있는지 이 엄마는 모르고 있는 것 같다.

> 사랑하는 딸아, 네가 만일 남편을 왕처럼 받든다면, 남편은 너를 왕후처럼 모실 것이다. 그러나 너의 행동거지가 하녀 같으면 남편은 너를 하녀처럼 다룰 것이다. 만일 네가 너무 자존심을 내세워 남편에게 봉사하기를 꺼린다면, 남편은 힘으로 너를 하녀로 만들 것이다.
>
> -《탈무드》

《탈무드》는 거대한 지혜의 창고와 같다. 누구나 알고 있지만 실천하기 쉽지 않은 상대적인 인간관계론이다. 머리로는 알고 있는데 실천하지 않는 것은 지혜가 아니고 지식일 뿐이다. 상대방의 관점에서 상황을 바라보는 일은 타인의 삶에 대한 중요한 깨달음을 주기도 한다. 상대에게 대접받고 싶거든 받고자 하는 대로 상대를 대접해야 한다.

우리는 항상 자신의 입장만 생각한다. 이것은 새로운 것을 받아들이기 싫어하는 잘못된 자아의 습성이다. 이는 불필요한 스트레스와 힘든 상황을 일으키는 주범이기도 하다. 워킹맘과 베이비시터의 관계가 돈독해지려면 이러한 상대적인 본질을 이해하고 실천하는 것부터 시작해야 한다.

시터를 왕으로 대접하면 내 아기는 왕자, 공주가 된다

가끔 지역 맘카페에 자신과 함께했던 베이비시터에 대한 추천 글이 올라오는 걸 볼 수 있다.

저희 둘째 백일 때부터 3년 동안 돌봐주신 선생님이신데요, 제가 이번에 워킹맘을 졸업하게 되어서 선생님과 헤어지게 되었어요. 혹시 베이비시터를 구하시는 분 계시면 추천하고 싶어서 글 올립니다. 무엇보다 자차로 출근하셔서 코로나19 걱정 없으시고 ○○동에 사십니다. 경력은 7년이고 나이는 60대 중반이세요. 저희 집에 처음 오셨을 때 연세 때문에 조금 걱정했는데 건강하시고 체력 좋으셔서 저희 둘째 체중이 많이 나가는 데도 끄떡없이 봐주셨어요.

그리고 저희 선생님은 교양이 있으시고 차분하신 스타일이세요. 아이에게 차분하게 책도 많이 읽어주셨고, 많이 사랑해주셔서 아이가 정서적으로 자라는 데 많은 도움을 주셨어요. 덕분에 저희 아기는 아주 밝고 성격이 좋으며 잘 웃는 아기로 자랐답니다.

저희 친정엄마와 비슷한 연세라서 존경하고 감사한 마음으로 가족처럼 지냈어요. 이런 분을 베이비시터로 만나기는 아주 드물답니다. 적극 책임지고 추천드려요.

아무리 시터복이 복불복이라지만, 이러한 시터와의 관계는 뭔가 특별한 노하우가 있지 않을까 한다. 분명 아기 엄마는 시터를 구하는 방법부터 시작해서 오랜 세월 함께하며 좋은 관계를 유지하기까지 많은 노력을 기울였을 것이다.

언젠가 워킹맘 엄마가 5년 동안 가족처럼 함께했던 베이비시터와 어떻게 이별에 임해야 할지 고민이라는 글을 접한 적이 있다. 6세가 된 아이에게 주 양육자인 시터 할머니와 헤어져야 하는 상황을 설명해야 하는데 어떻게 해야 아이에게 상처가 되지 않을지 너무 조심스럽다는 내용이었다.

아이가 할머니를 얼마나 좋아하고 따르는지 알기에 상실감을 최소화할 방법을 고민하고 있었다. 이렇게 건강하고 긍정적인 마인드를 가진 아기 엄마라면 분명 베이비시터와 어떤 관계를 유지했는지를 충분히 가늠할 수 있다.

사실 이 두 엄마의 사례가 아기와 엄마와 시터 간의 가장 이상적인 관계다. 인간관계에도 물론 상대성이 있어서 서로 갑질하는 베이비시터와 아기 엄마도 있겠지만 대부분 상대방이 자신을 대하는 감정과 태도에 따라서 결과는 크게 달라질 것이다. 당신이 선택한 베이비시터에 대해 을이라는 마인드로 자세를 낮춰보라. 그리하면 아마도 당신의 베이비시터는 당신에게 슈퍼을이라는 마인드로 상응할 것이다.

앞에서도 강조했듯이 관계에는 상대성의 원리가 작용한다. 그렇다면 내 아기의 주 양육자인 베이비시터에게 어떤 태도로 임해야 할까. 원하는 것을 얻으려면 인간의 심리에 초점을 맞추어보라. 내 아기를 돌보는 주 양육자인데 당신이 신하처럼 굴면 어떻고 시녀처럼 행동하면 어떠랴.

당신이 베이비시터를 왕처럼 모시고 행동하라. 그러면 당신의 아기를 왕자님이요, 공주님으로 모실 것이다.

작은 배려가 10배로 되돌아온다

배려는 최고의 선물이다

어떻게 하면 베이비시터의 역량을 내 눈높이에 맞게 최대치로 끌어올릴 수 있을까. 이 과제는 사랑하는 내 아기의 성공 육아를 위한 중요한 솔루션임에 틀림없다. 모든 엄마와 아기, 베이비시터가 같을 수 없으므로 각 가정마다 해법 또한 같을 수 없다. 아기 엄마는 스스로 고민하고 해결해나가는 힘을 키워 잘 헤쳐나가야 한다. 배려는 배려를 받고 있다고 느끼는 사람에게 마음속 빛을 남기기도 한다.

어느 가난한 오케스트라 지휘자가 낡은 예복을 입고 지휘를 하는데 그만 옷이 찢어지고 말았다. 객석에서 희미하게 술렁이는 소리가 들렸다. 지휘자는 하는 수 없이 다음 곡을 연주하기 전에 얼른 겉옷을 벗어던지고 셔츠 차림으로 지휘 준비를 했다. 그때 관객석에 앉아 있던 한 사람이 지휘자처럼 겉옷을 벗고 셔츠 차림으로 앉았다. 그 모습을 본 다른 관람자들도 모두 겉옷을 벗고 셔츠 차림으로 관람했다. 지휘자를 존중하고 배려하는 감격스러운 모습 덕분에 음악회는 훌륭하게 공연을 마쳤다.

이와 같이 배려는 사람의 마음을 움직이는 힘이 있다. 배려는 꼭 거창할 필요가 없다. 우리는 아주 작은 일에도 감동을 받는다. 배려란 베푸는 마음이다. 즉 진정성 있는 배려는 상대를 울리기도 하고 상대의 자존감까지 올려준다. 배려를 하다보면 사소한 것에도 감동을 받아 공감대가 형성되어 생각지도 않은 결과물을 얻을 수도 있다.

사람의 마음은 간사하다. 상대를 배려하는 마음은 쉬워 보이지만, 쉽게 실천하기는 어렵다. 근본적으로 인성이 좋은 사람에게서 자연스럽게 우러나오는 게 진정한 배려다. 이를 실행에 옮기기 어려운 사람은 몇 배의 노력을 해야 한다.

'배려'하면 '존중'으로 돌아온다

준우 엄마와 베이비시터는 3년 전부터 인연을 맺었다. 조리원 퇴원 후부터 시작된 인연이라서인지 만 3세인 준우는 친할머니보다 베이비시터 할머니를 더 좋아한다. 시터 할머니와 껌딱지일 정도로 할머니를 따른다.

"준우 엄마! 지금 집에 있어요? 식구 모두?"

"네, 선생님. 일요일인데 어쩐 일이세요?"

"아, 원래 오늘 남편이랑 어디 좀 갈 계획이었는데 남편에게 일이 생겨서 취소됐어요. 어제 집안일 다 해놓아서 할 일이 없네요(웃음). 준우는 잘 노는지 궁금하기도 하고, 또 준우 엄마는 뭐하나 싶어서요. 저번에 보니 준우 아빠랑 마음대로 어디도 못 가는 것 같던데, 준우 엄마, 내가 준우 봐줄 테니 오랜만에 준우 아빠랑 영화도 보고 모처럼 데이트 좀 하고 오세요! 회사에는 얘기하지 말고요. 무급 서비스예요!(웃음)"

"우와! 선생님, 말씀만이라도 감사해요! 근데 그러면 죄송한데요! 아니, 아니! 그래도 되나~요오? 하하 선생님! 감사해요. 정말 그래 주실래요? 우와 저 오늘 계탔네요~"

사실 준우 엄마는 출산 전부터 베이비시터를 구인했다. 회사 사정상 육아휴가를 짧게 써야 하는지라 출산 전부터 꼼꼼하게 체크하고 비교해서 검증된 사설 업체를 정하고 기준에 맞는 베이비시터를 채용할 수 있었다. 아기가 3개월 될 때까지 베이비시터와 함께하면서 서로 신뢰 관계를 구축한 후에 회사에 복귀했다. 전문직 아기 엄마는 베이비시터가 주 양육자이기에 아기의 안정된 애착을 위해 더 많은 정성을 기울여야 한다.

준우 엄마는 자신의 눈높이에 맞는 육아를 위해서 다른 엄마보다 몇 배 더 베이비시터와 돈독한 관계를 형성하려고 노력했다. 베이비시터의 자존감을 높이기 위해 친부모 이상으로 대했으며 일찍 퇴근하면 아기 보느라 힘들었을 베이비시터를 일찍 보내드리곤 했다. 수시로 좋아하는 과일을 사다드렸고, 대소사도 모두 챙겼으며 명절 때마다 소소하지만 선물하는 걸 잊지 않았다. 그야말로 배려할 수 있는 것은 가능한 범위 내에서 최대한 했다. 그에 질세라 시터 선생님도 수시로 김치나 간식, 또는 밑반찬 등을 가져다주셨고 준우를 친손자처럼 사랑해주셨다. 오죽하면 친정엄마가 질투를 하셨을까. 준우 엄마의 상대방을 배려하는 마음이 이런 값진 시간을 선물 받은 것이다.

옛 속담에 '되로 주고 말로 받는다'는 말이 있다. 베풂을 받은 사람은 상대방에게 늘 빚진 마음이 있어서 어떻게 하면 갚을 수 있을까, 어떻게 하면 도움을 줄 수 있을까 하고 늘 상대방의 입장을 헤아려 빚진 마음을 청산하려고 한다.

배려하는 마음은 손해를 보는 게 아니라 삶을 풍요롭고 즐겁게 해준다. 베이비시터에게 실망했다고 말하기 전에 내가 어떤 사람이고 얼마나 배려하는지부터 돌아봐야 한다. '내가 이렇게까지 했는데'보다는 '어떻게 해드려야 하나' 하고 먼저 고민하는 아기 엄마가 되길 바란다. 엄마의 마음을 통해서 아기도 상대방을 배려하고 존중하는 성인으로 자랄 것이다.

감시보다 신뢰가 중요하다

CCTV 설치, 필요할까

2017년 가을, 보물 같은 첫 쌍둥이 손주가 축복 속에 태어났다. 첫 손주를 품에 안자 그 감격은 글로 표현할 수 없을 정도로 감개무량했다. 아마 이 땅의 모든 할머니, 할아버지라면 다 공감할 것이다.

나는 며늘아기가 산후조리원에 있을 때 처음 CCTV의 개념을 알게 됐다. 모바일을 통해 수시로 둥이 모습을 볼 수 있어 밤낮으로 접속해서 보았다. 하품하는 것도 사랑스럽고, 배냇짓도 신기했다. 작은 모바일 안에서 둥이 손주를 보는 즐거움과 행복은 이루 말할 수 없을 정도였다. 밤에도 자다가 눈만 뜨면 들여다보곤 했더니 블루스크린에 노출되어 눈에 무리가 와 아직도 왼쪽 눈은 작고 까만 날파리들이 날아다닌다.

그때 손주 모습을 실시간으로 볼 수 있게 해준 신세계 같은 CCTV

에 나는 큰절이라도 하고 싶을 정도로 고마움을 느꼈다.

언제부턴가 우리 주변 여기저기에 설치되어 있는 이 조그만 기기는 대체로 좋은 느낌보다는 감시용의 나쁜 뉴스에 많이 등장한다. 그러다 보니 일반인에게는 아직도 낯설고 목적 역시 부정적으로 인식하고 있다. 다음은 베이비시터와 CCTV 관련 글이다.

> 45일 된 신생아를 키우는 엄마랍니다. 친정엄마가 아기를 돌봐주기로 했는데 갑자기 허리디스크 진단을 받으셔서 급하게 베이비시터를 수소문하다가 동네 사시는 분이 봐주기로 했어요. 아침 8시부터 오후 7시까지인데 그래서 약간 걱정은 되지만 다행히 좋은 분이라서 도와달라고 부탁한 상태예요. 그런데 CCTV를 달 거라는 말씀을 미처 못 드렸어요. 혹시 오해하는 건 아닌지 걱정이네요.
>
> 제가 이모님을 의심해서가 아니라 아기가 너무 어려서 걱정도 되고 또 회사에서 아기 얼굴도 보고 싶어서 달고 싶은 거거든요. 이모님께 어떻게 말씀드려야 기분 나빠하지 않을까요?

베이비시터를 고용할 때 CCTV를 설치하면 시터가 기분 나빠하지 않을까 의외로 전전긍긍하는 아기 엄마들이 있다. 하지만 현재 우리나라 시스템상 CCTV가 없는 사각지대가 더 불안할 정도로 보편화되어 있다. 직장이고 길거리고 어느 건물 빌딩이고 눈여겨 돌아보면 거의 모든 곳에 CCTV가 있다.

이제 베이비시터나 산후도우미 등 남의 손에 아이를 맡길 때

CCTV 설치는 선택이 아니고 필수다. 영유아 수면교육을 위해 아기방에 CCTV를 설치하기도 하고 초등학교 다니는 아이들을 케어하기 위해서도 CCTV를 활용한다.

언제 어디서나 내 아이가 어떤 상황에 있는지 확인해야 안심이 되는 세상이다. CCTV는 감시의 목적도 있지만 내 아이를 보호하려는 목적도 동시에 있다. 이렇듯 생활화되어 있는 CCTV 설치를 놓고 베이비시터와 의논할 필요는 없다.

본인이 필요하다고 판단하면 설치하는 게 옳다. 이를 두고 시터에게 양해를 구하거나 동의를 구하는 건 의미가 없다. 물론 베이비시터도 이를 두고 민감해할 필요가 없다. 아기 엄마의 당연한 고유영역이라는 걸 인정해야 한다. 세상이 어지러우니 아기를 두고 출근하는 워킹맘의 입장을 같은 여자로서 충분히 공감한다면 문제가 될 것이 전혀 없다.

신뢰는 관계를 이어준다

사람은 누군가에게 신뢰받고 있다는 믿음을 가지면 상대방을 배신하지 않는 심리가 있다. 상대방을 있는 그대로 믿고 인정하고 존중하고 수시로 칭찬해보자. 아무리 타인에 대한 믿음이 사라져가는 각박한 세상이지만, 작은 것부터 믿음을 찾으려 노력해보자. 상대를 믿어주면 상대는 편안하게 마음을 열 것이며, 상대 역시 당신을 믿게 될 것이다. 서로 믿음을 바탕으로 다가간다면 커다란 에너지가 생성될 것이다. 신뢰는 믿음에서 출발한다.

내가 선택한 베이비시터이며 양육자다. 부족함이 있더라도 불신하기보다는 자신의 선택을 믿고 상대를 인정하며 존중하는 마음을 먼저 가져보라. 내가 먼저 신뢰하면 시터는 자존감이 높아지고 아기를 위해 대단한 에너지를 발산할 것이다. 베이비시터를 신뢰해야 하는 이유가 바로 이것이다.

메모, 비상연락망, 소아과 병원 등 미리 알아두기

베이비시터의 업무일지

아기 엄마가 예정에 없는 야근을 하는 바람에 베이비시터가 두 시간 연장 근무한 후 아기 아빠에게 아기를 인계하며 다음과 같은 메모를 남겼다.

선우 엄마! 늦게까지 일하느라 많이 피곤하고 힘들 텐데, 걱정이네요. 퇴근해서 좀 쉬어야 할 텐데. 오늘은 선우가 다른 날보다 낮잠을 덜 잤어요. 그림책을 많이 읽어줬는데도 계속 읽어 달라고 해서 낮잠을 덜 잔 거 같아요. 이젠 내용도 이해하는지 많이 재미있어 하네요. 그래서 아마 밤에 깨지 않고 잘 잘 것 같아요.

엄마 아빠 나오는 그림책을 보고 엄마 아빠 어디 있어? 하고 물으면 엄마와 아빠 그림을 가리키며 '엄마', '빠빠' 하네요. 참 영특하고 똑똑해요! 나머지 참고할 사항은 일지에 적어두었어요. 힘들더라도 파이팅하길 바라요. 머잖아서 선우가 우리 엄마 최고라고 할 날이 올 거예요! 그럼 내일 아침에 봐요.

낮에도 아기하고 그림책 읽어주는 사진을 찍어 보내주었는데, 이렇게 자상하게 편지까지 남기는 친정엄마 같은 베이비시터다. 아기 엄마는 메모를 읽고 고마움에 눈시울을 붉혔고 파김치 같던 피곤함은 눈 녹듯 사라졌다.

업체에서 파견한 베이비시터는 기본적인 양식에 따라 업무일지를 쓴다. 시터는 업무일지를 이용해서 인수인계를 정확히 차질 없이 해야 한다. 따라서 수시로 메모하는 자세를 습관화할 필요가 있다. 업무일지에 기입하는 필수 내용은 수유시간과 양, 이유식 시간과 양, 이유식 종류, 낮잠 시간, 배변 횟수, 아기 건강상태, 놀이 종류, 목욕 시간, 전달 사항 등으로 세세하게 메모해야 한다.

이는 아기 엄마가 가장 궁금해하는 내용이다. 아기를 떼어놓고 일하는 엄마 입장에서는 궁금한 게 한두 가지가 아니다. 게다가 아기 엄마들은 항상 아기를 직접 돌보지 못하는 죄책감에 싸여 있다. 베이비시터는 그런 아기 엄마의 심정을 이해하고 아이의 상태를 최대한 알려주는 것이 좋다. 예를 들어 아기가 예쁜 짓을 한다거나 자는 모습이 사랑스럽다거나 할 때 사진이나 동영상을 촬영해서 보내면 아기 엄마는 한결 안심하며 힘을 얻어 일할 것이다. 이런 사소한 배려가 아기 엄마와 아기, 베이비시터 간의 연을 끈끈하게 이어주어 최고의 양육을 만들어줄 것이다.

개인 행동은 금지해야 한다

베이비시터 업무 규정에는 집 밖에 산책을 나가거나 공식적인 외출을 할 때 반드시 아기 엄마에게 전화나 문자로 알려야 한다는 규정이 있다. 이는 늘 아기에게 신경이 곤두서 있는 아기 엄마에게 괜한 오해의 여지와 걱정을 남기지 않기 위해서다. 아기 엄마는 반드시 집 밖을 나갈 때와 귀가할 때는 규정대로 메시지를 통해 알려 달라고 사전에 요구해야 한다. 물론 베이비시터는 교육을 통해 이러한 기본적인 사항들을 숙지하고 있기 때문에 크게 문제가 되거나 걱정할 일은 없다.

언젠가 어느 맘카페에 올라온 베이비시터에 대한 글을 읽고 경악한 적이 있다. 중국 교포 베이비시터였는데 친한 교포가 같은 아파트 단지에서 똑같이 시터 일을 하고 있었다. 문제는 이 시터가 아기 엄마에게 알리지도 않은 채 아기를 데리고 교포 친구에게 놀러 갔다 오곤 한다. 후에 이를 안 아기 엄마는 매우 충격을 받았다고 한다. 그야말로 도덕성과 기본적인 자질을 갖추지 못한 개념 없는 행동이며 블랙시터로 낙인 찍혀도 할 말이 없는 사람이다. 근무지에 놀러 나온 것 같은 무개념한 행동은 상식적으로 해서는 안 되는 일이다. 사고는 언제 어디서 일어날지 모른다. 남의 아기를 키우는 입장에서는 항상 긴장하고 있어야 한다.

베이비시터가 숙지할 사항

아기를 키우다보면 언제 어디서 비상상황이 발생할지 모른다. 워킹맘은 비상시를 대비하여 사전에 철저히 준비해야 한다. 베이비시터를 처음 만나 아기를 맡길 때 반드시 알려줘야 하는 필수사항이 있다.

바로 아기가 다니는 소아과 병원 위치와 연락처, 그리고 친가의 조부모와 외가의 조부모, 아기 아빠의 연락처를 알려주는 것이다. 또 아기 엄마는 베이비시터의 가족관계와 주민등록등본, 주소 그리고 가족 중 두 명 이상의 전화번호를 확인하여 받아놓아야 한다. 만약의 사태에 대비하여 비상연락망은 반드시 확보해야 한다.

카페에 올라오는 베이비시터에 대한 글이 대부분 안 좋아서 마음이 안 좋았는데 이번에 제가 소중한 경험을 하여 글을 올립니다. 지난주에 저희 아이가 하원길에 어린이집 버스에서 내리다가 지나가던 자전거와 충돌하는 바람에 넘어져서 입술을 다쳤어요. 다들 경황이 없어서 우왕좌왕하는데 저희 베이비시터 님이 재빨리 어린이집 버스에 아기를 안고 타더니 제가 다니는 병원으로 가자고 하셨대요.

그 과정에서 저한테 전화를 했는데 저는 중요한 미팅이 있어서 전화를 받지 못했고 다행히 남편이 연락을 받았더라고요. 다행히 큰 상처는 아니었어요. 그런데 아기가 넘어지는 과정에서 시터 님이 아기를 보호하다가 그만 넘어져서 팔목을 다치셨어요.

시터 님 덕분에 우리 아기가 많이 다치지 않아서 정말 죄송하면서도 감사하더라고요. 남편이 서둘러 와보니 이미 치료가 끝나고 집에 귀가해서 시터 님이 아기를 안고 계시더랍니다. 지금은 아기 상처가 거의 아물었고 시터 님도 물리치료를 받고 거의 나으셨어요. 그때 얼마나 놀랐는지 지금도 가슴이 콩닥거리네요. 시터 님이 너무 침착하게 처리해서 너무 감사해서 이렇게 글을 올리네요.

베이비시터는 어쩌면 당신의 가장 가까운 친척보다 촌수가 더 가깝다고 할 수 있다. 워킹맘이 일하고 있을 때 아기는 베이비시터와 모든 것을 함께한다. 그러므로 사전에 모든 상황을 열어놓고 의사소통하며 비상대책을 마련해놓아야 한다.

어떤 상황이 발생하더라도 베이비시터가 당황하지 않고 대비할 수 있게 철저히 사전에 준비를 하자. '내 아기는 괜찮을 거야' 하는 무책임한 생각에서 벗어나 늘 '유비무환'의 자세를 유지하자.

인격과 의견은 분리해 생각하라

소통의 기술을 키워야 한다

남녀 사이에도 친구 사이에도 하물며 가족 사이에서도 서로의 마음을 온전히 알아주기란 여간 힘든 일이 아니다. 내 마음을 얼만큼 털어놓아야 하는지부터 언제 어떤 식으로 말을 꺼내야 하는지 그 타이밍을 잡기도 참 힘들다

하지만 분명한 건 당사자가 말하지 않으면 상대방은 알 수 없다는 것이다. 그렇기 때문에 상대방을 설득하거나 소통하려면 대화의 기술과 요령이 필요하다.

예를 들어 내 지인 중에 남자친구가 바빠서 자신의 생일을 잊어버린 적이 있는데, 혼자 속이 상해 남자친구한테 설명하지도 않고 데이트하다가 피곤하다며 집에 일찍 들어갔다고 한다. 이러한 대화법은 자기만의 사고에 갇힌 일방적인 방식이다. 대화란 상대의 입장을 충분히 열어놓고 펼쳐나가야 한다.

토론을 예로 들어보자. 상대의 흠을 잡고 꼬투리를 잡으려는 토론은 인격적으로 성숙하지 못한 방법으로 서로 갈등지수만 높이는 결과를 초래할 뿐이다. 상대가 나와 반대되는 의견을 표현한다고 해서 화를 내거나 자신을 배척한다고 오해해서는 안 된다.

즉 자신의 의견만 고수하려는 입장을 버려야 온전한 인격체로 한 걸음 다가갈 수 있다. 또 자신이 원하는 결과물을 얻어내려면 어떤 방법으로 표현해야 하는지 미리 생각해두어야 한다. 상대방에게 긍정적인 답을 듣기를 원한다면 스스로 긍정적인 마인드를 가지고 상대를 설득해보라. 이렇게 하면 갈등의 골이 깊은 관계라 하더라도 기대 이상의 효과를 얻을 수 있을 것이다.

왜곡된 생각이 스트레스를 부른다

우리 사회는 칭찬에 너무 인색하고 불신에 대한 이슈화로 관심을 끄는 데 익숙해져 있다. 칭찬이 넘쳐서 익숙해지는 사회가 된다면 세상은 살 만하게 변해갈 것이다.

특히 베이비시터라는 직종은 나쁜 뉴스가 많아서 불신과 두려움이 공존하는 이미지가 있다. 아기 엄마들은 대부분 시터에 대한 불평 불만이 많고 칭찬하는 사람은 극소수다. 이 또한 칭찬에 인색한 대표적인 국민성의 한 예이기도 하다.

물론 자신과 아기가 피해를 입은 것에 대한 분노 표출은 당연하다. 불특정 다수에게 동의를 구하는 심리도 정당하다는 걸 이해는 한다. 그러나 이 때문에 고스란히 피해를 입는 사람은 성실하게 자긍심을 가지고 소명을 다하며 근무하는 시터들이다.

자신이 선택한 베이비시터가 기대에 어긋난다고 해서 불신하고 분노를 드러내기 이전에 대화를 하며 해법을 찾는 것이 우선이다.

사소한 문제일지라도 소통하면서 원하는 것을 얻는 방법으로 접근해야 한다. 어차피 오래 함께할 인연으로 생각했다면 작은 틈이라도 벌어져서는 안 된다. 수시로 대화하면서 취할 것은 취하고 양보할 것은 양보하여 벌어지려는 틈새를 메워나가는 자세가 필요하다.

아기 엄마가 진솔하게 다가가면 기본적인 인성을 갖춘 시터라면 통할 것이다. 칭찬에 익숙해져야 한다. 칭찬은 칭찬을 낳는다고 하지 않는가. 또 업체를 통해 채용한 시터라면 직접 말하기 곤란할 경우 업체와 우선 상의하는 게 현명하다. 업체를 통해 맺은 관계일지라도 사소한 문제는 지혜로운 대화의 기술로 서로 소통해야 한다.

어떤 문제라도 상대방 입장에서 대화하는 자세로 접근하면 원하는 것을 얻을 것이다. 그러나 보수와 같은 민감한 문제는 업체와 협의해서 해법을 찾는 게 현명하다.

8개월 아기를 둔 맘인데요. 베이비시터 분과 함께한 지는 3개월이 되어간답니다. 아기를 많이 예뻐해주고 잘 놀아주는데 맘에 안 드는 게 딱 한 가지 있어요. 가끔씩 아기를 안고 있을때 볼을 비비며 뽀뽀를 하시는게 기분이 안좋고 거슬려요.

처음에 당황해서 그러시면 안 된다고 했는데 잊으셨는지 여전히 그러세요. 저는 왜 그게 그렇게 싫은지 모르겠어요 그냥 무조건 싫어요. 친정부모님은 괜찮은데 베이비시터 분이 그러는 건 싫어요. 어떻게 해야 할지 고민입니다. 이 문제 때문에 시터를 바꾸고 싶어요. 어떻게 해야 할까요?

친정부모가 아기 볼에 뽀뽀하는 건 되는데 베이비시터가 하는 건 싫다? 이건 또 무슨 이분법적인 사고인가! 그런 사고를 가진 사람이라면 오히려 베이비시터가 서비스를 거절하는 게 마땅하다.

그런 사고방식이면 아기를 돌봐줄 사람은 오직 친정부모님 외에는 없다. 서양에서는 처음 만나는 사람에게도 볼키스로 인사하는 게 일반적이다. 아기가 사랑스러워서 베이비시터가 자신도 모르게 우러나오는 행동을 불결하게 보는 왜곡된 사고는 있어서도 있을 수도 없는 마인드다.

이런 아기 엄마는 베이비시터를 채용해서는 안 된다. 그런 사고방식을 가졌는데 어떻게 타인에게 주 양육자 자리를 내어줄 수 있는가. 도대체 그 아기 엄마의 사고 저변에는 왜 그런 이기적인 마인드가 깔려 있을까. 습관에 얽매이면 유연하고 폭넓은 사고를 할 수 없다.

생각은 우리의 삶을 지배한다. 불안과 불만족의 원인은 스트레스이고 왜곡된 생각이 스트레스를 부른다. 서로가 부족함을 느낄 때는 배려를 바탕으로 대화로 풀어나가자. 그리고 접근하기 힘든 문제는 업체와 협조하여 해결해나가자. 크게 보라. 당신과 함께 걷고 있는 베이비시터는 내 아기를 케어해주는 주 양육자다.

한 걸음 물러서서 세상을 보고 내 아기의 미래를 보라. 조부모보다도 더 많은 친밀감과 밀착이 필요한 존재가 당신의 베이비시터다.

인연이 아니면
빠르게 결정하라

실패는 성공의 어머니

'일곱 번 실패해도 다시 시작한다'는 유대인 속담이 있다. 실패했다고 아무것도 하지 않은 채 성공하기만을 기다리는 사람은 어떤 변화도 기대할 수 없다. 남녀가 결혼한 지 불과 며칠밖에 안 지났는데 서로 심각한 문제점을 발견했다면 최악의 경우 이혼에 이른다. 비록 며칠밖에 안 지났다는 이유로 이혼을 미루거나 망설인다면 불행한 앞날이 기다릴 것은 불보듯 뻔하다. 이혼을 고려해야 할 정도로 심각하다면 하루라도 빨리 갈라서는 게 정답이다.

다시 말하면 서로 감당할 수 있는 범위를 넘기기 전에 현명한 길을 찾아야 한다. 평생의 반려자로 생각하고 부푼 꿈을 안고 결혼했지만, 냉정한 현실 앞에서 실패임을 깨달았다면 신속하게 결정하여 잘못 맺은 인연의 고리를 끊어야 한다.

물론 결혼하기까지 내 인생 최고의 인연이라고 생각했기 때문에 이혼 결정이 대부분 쉽지 않을 것이다. 하지만 내 인생이 걸린 중대한 문제이므로 큰 용기를 내야 한다.

70일 된 아기 엄마예요. 복직이 3주 남았는데, 너무 고민이 돼서 잠 못 이루며 뜬눈으로 보내고 있어요. 두 달 동안 산후도우미분 도움을 받으며 거의 한 달 전부터 베이비시터분을 구인하기 시작했어요. 복직 전 한 달 동안 적응 기간을 가지려고 많은 우여곡절 끝에 좋은 분을 만났어요. 경력이 7년인데 신생아도 많이 돌보셨고 인터뷰 때도 성격이 털털하고 밝으시더라고요. 아기를 보자마자 안아주시는 걸 보니 베테랑이다 싶더라고요. 게다가 모든 조건을 수용하겠다고 말씀하셔서 함께하기로 결정하였죠. 그렇게 지난주부터 일주일간 공동육아를 했어요.

구인 과정은 업체 파견이 아니고 직거래 사이트를 이용했는데 많은 분이 연락해 왔어요. 아무래도 시급을 20퍼센트 정도 더 책정해서 그런 것 같더라고요. 아무튼 인터뷰 때 필요한 서류를 요청했는데, 다른 서류는 전부 가져왔는데 주민등록증을 분실하셨다며 발급되면 가져오겠다고 하시더라고요. 그래서 그러시라고 했죠. 그런데 신생아 돌보신 경험이 분명히 있다고 했는데 여러 가지 문제가 발생했어요.

제가 목욕시킬 땐 한 번도 울지 않던 아기가 자지러지게 울어서 깜짝 놀랐어요. 또 제가 아침에 직수를 하느라 잠을 못 자서 오전에 유축해놓은 것을 먹여달라고 했는데, 세상에, 두어 시간 후에 나가보니 이분이 남은 모유를 아깝다고 안 버리고 다시 데워서 먹이려고 하더라고요. 원래 모유는 다시 데우면 안 된다는 가장 기본적인 걸 모른다는 게 참 당황스러웠어요. 그러시면 안 된다고 설명을 드렸는데, 베이비시터 교육을 전혀 안 받은 게 아닌지 의심이 들더라고요.

이때부터 고민이 슬슬 시작되었어요. 그래서 그날 저녁 남편에게 얘기했더니 주민등록증 사본 받았냐고 하더라고요. 아차 싶어서 다음 날 주민등록 발급받으셨냐고 물었더니, 이분이 머뭇거리다가 하는 말씀이 가관이었어요.

모든 서류가 네 살 아래 자기 동생 거라는 거예요. 나이가 예순이 넘으면 시터로 활동하기 힘들어서 그랬다며 미안하다고, 아기는 잘 볼 수 있으니 믿어도 된다는데 완전 사기 당한 기분이었어요. 그렇다면 인터뷰 때 말한 경력 등이 모두 거짓인 것 같아서 어떤 것도 믿을 수 없더라고요. 아기는 이뻐하지만, 더 이상 어느 것 하나 믿을 수 없어서 집에 가시라고 말씀 드렸죠. 판단을 제대로 못한 저의 실수지만, 너무 화가 나요. 다들 조심하세요.

유대인은 자녀가 사춘기가 되면 거짓 광고를 간파할 수 있게 재정 교육을 시킨다고 한다. 이 아기 엄마는 시터를 채용할 때 나름 심사숙고해서 결정했음에도 채용에 실패하였다. 속이고자 작정하고 덤비는데 어쩌겠는가. 워킹맘의 비애가 한번 더 실감나는 사연이다. 그래도 이 아기 엄마는 적응기간을 두었고, 주민등록을 끝까지 확인하여 사전에 큰일을 막을 수 있었으니 똑똑한 엄마다.

거짓과 과대 포장으로 인터뷰에 응한 시터 때문에 잘못된 인연을 맺었더라도 낙담할 필요는 없다.

노력한 만큼 결과를 얻지 못한 건 아쉽지만 다시 도전하면 된다. 처음의 안목보다 더 높은 눈높이의 잣대를 들이대고 인연을 재단해보자. 어쩌면 훌륭한 인연을 맺어주기 위해서 실패라는 교훈을 얻었는지도 모른다. 주 양육자의 업무에 대한 미숙함이나 실수는 인간인지라 있을 수 있다.

부족한 점은 인내하며 서로 보완해가면 된다. 그러나 근본적인 인성과 품성이 자신이 판단한 기준에서 심하게 벗어난다면 늦기 전에 인연의 고리를 끊어야 한다. 이런 시터는 시간이 흐르면 흐를수록 민낯을 드러내기 때문에 그 피해가 고스란히 아기에게 돌아간다.

많은 사람이 식당에 들어가서 메뉴를 고른 후 식당 사장에게 맛있는지 물어본다. 대체 무슨 답을 듣기를 원하는가. 아니 어느 사장이 자신의 음식을 맛없다고 하겠는가. 물론 사장이 맛있다고 자신있게 추천해주기를 기대하는 것은 안다. 그러나 아무리 맛있는 음식이라도 자기 자신이 확신하고 주문해야 맛에 대한 만족도가 높을 것이다. 인생에서 실패를 두려워하지 말라. 실패는 성공의 어머니라 하지 않았는가. 이제 거짓광고를 걸러내는 능력을 키웠으니 재도전하는 용기를 가져보자.

호랑이를 잡으려면 호랑이굴로 들어가라

3년 동안 함께했던 선생님과 이별을 해야 해요. 이별을 생각하니 가슴이 먹먹해져요. 5년 동안 저희 아기를 돌봐주신 선생님을 애들이 초등학교 5학년, 3학년이 되었는데도 왕래를 한답니다. 집에서 멀지 않은 곳에 사시거든요.

이모님과 함께한 지 3년 6개월이네요 잠을 쉽게 자지못해 토끼잠을 자던 아이가 이모 품에 안기면 곤히 잠들었고, 분유도 이모님이 먹여주면 너무나 잘 먹었어요. 책도 저보다 이모님이 많이 읽어주시고요. 갑작스레 야근해야 할 때도 흔쾌히 퇴근할 때까지 기다려주셨답니다. 이모님은 제게 육아 인생 선배랍니다, 이모님과 함께 우리 아기는 뒤집고, 배밀이하고, 기고, 서고, 걷고, 뛰고, 말하며 성격이 밝은 아이로 성장했어요. 그런 이모님과 이별을 앞두고 있으니 자꾸 눈물이 나네요. 멀리 계시는 친정부모님보다 더 의지했던 분이에요!

이렇게 잘 맺은 인연은 헤어짐도 아름답다. 베이비시터 채용에 실패한 두려움 때문에 직장을 포기한 워킹맘에게 꼭 들려주고 싶은 얘기가 있다. '호랑이를 잡으려면 호랑이굴로 들어가라' 즉 두려워하지 말고 용기를 내어 다시 시작하라는 얘기다.

당신이 만약 베이비시터를 찾는 과정에서 실패와 맞닥뜨렸다면 실패의 원인은 자신에게 있다는 걸 직시해야 한다. 이를 직시하다 보면 베이비시터를 분별하는 능력도 향상할 것이다.

성경에 "새 포도주는 새 부대에 넣어야 한다"는 말씀이 있다. 이는 묵은 포도주를 먹은 자는 새 포도주를 원하지 않는다는 얘기다. 인연은 묵은 포도주처럼 이어가는 아름다운 인연이다.

그러나 당신의 인연이 실패했다면 빠르게 인정하고 다시 새 부대에 새 포도주라는 인연을 채워 넣으면 된다. 긴 여정에서 잠시 쉬었다 간다고 생각하고 한 박자 늦추면 된다. 그러니 인연을 끊어야 한다면 결정은 빠를수록 좋다. 실패 후 다시 맺는 인연을 맺을 땐 분명히 실패한 경험이 중요한 지표 역할을 해줄 것이다.

육아 일기는 자녀의 재산목록이다

순간을 놓치지 말고 담자

나는 운전할 때 라디오를 주로 듣는데 그중 한 채널이 음악방송인 FM 93.9다. 얼마 전 그 채널에서 청취자의 따뜻한 사연을 소개하였다.

저는 어려서부터 할머니 손에 자랐습니다. 오늘은 할머니 생신입니다. 할머니께 생신 선물도 사드리고 전화도 드리고 했지만 정작 할머니께서 원하는 걸 못 해 드려서 안타까워요. 할머니는 늘 저에게 하소연하듯 말씀하셨어요. 나이가 들면 들수록 어머니 얼굴이 흐릿해진다고요. 그런데 이젠 아무리 기억하려 해도 전혀 기억이 안 난다고 슬픈 얼굴을 하시네요. 저에게는 증조할머니죠. 할머니께 사진이 없냐고 여쭤봤는데 없다고 고개를 저으셨어요. 제가 어떻게 해드릴 수 없는 부분이라서 참 안타깝습니다.

이 사연을 듣는 순간 가슴이 찡하며 내 어머니가 떠올랐다. 내 어머니는 돌아가신 지 40여 년쯤 된다. 오랜 세월이 지났지만 아직은 어머니 모습이 내 기억 한 편에 남아 있다. 내가 어렸을 때인 1960년대엔 사진관이라야 읍내에 고작 한두 개가 전부였다.

특별한 날 외에는 사진 찍는 일이 거의 없었다. 그나마 보관했던 사진들은 형제들이 출가하고 부모님이 돌아가시고 하는 과정에서 공중분해된 게 허다하다. 요즘처럼 순간순간의 추억을 쉽게 담을 수 있는 스마트폰 시대가 오리라고는 상상이나 했을까?

내가 증조할머니가 될 미래는 어쩌면 상상을 초월한 또 다른 모습으로 변해 있으리라. 아무리 세월이 지나도 변하지 않는 것은 감성을 동반한 과거의 추억이다. 특히 성장하는 가족의 모습은 그 무엇보다 소중하다는 생각이다.

추억은 불행했거나 행복했던 순간순간이 모여서 소중한 스토리를 만든다. 요즘에는 육아하는 맘들을 위해서 육아 일기와 관련한 다이어리 책이 많이 나와 있다. 사실 아기 엄마들은 시간에 쫓기고 육아에 지쳐서 육아 일기 쓰는 걸 엄두조차 못 낸다. 그러나 육아 시간은 힘듦보다 기쁨과 웃음과 행복을 더 많이 가져다주는 특별함이 있다.

눈에 넣어도 아프지 않을 만큼의 사랑스러운 아기의 순간순간을 포착해서 간직할 수 있는 방법을 찾아보라. 사진이나 영상 그리고 특별히 남기고 싶은 이야기 등을 일기로 남겨보라. 아기의 많은 순간을 남기려면 엄마는 부지런한 스토리텔러가 되어야 한다. 하루에 한 컷, 한 줄이라도 좋다. 한 컷, 한 줄의 일기가 모여 나중에 내 아기의 추억이 되고 훌륭한 자산이 될 것이다.

아기가 커서 자신의 소중한 성장과정을 들여다보고 자긍심을 느낄 것이다. 또 자신이 얼마나 사랑받고 자랐는지 자존감과 함께 따뜻한 인성을 품는 계기가 될 것이다.

육아 일기라고 해서 미사여구로 장식할 필요는 없다. 그저 놓치면 다시는 올 수 없는 순간을 잡아놓는다고 생각하라. 오랜 시간이 지나서 '그땐 그랬지' 하고 기억하려면 까마득하여 생각이 잘 나지 않는다. 인간은 망각의 동물이라 하지 않던가. 머릿속에 담아놓은 것을 전달하는 데는 한계가 있다. 그러므로 힘들고 바쁘더라도 순간을 놓치지 말고 담아놓는 습관을 들이자.

하루 5분 짬을 내자

최근 어느 아기 엄마가 영상으로 남긴 육아 일기를 접한 적이 있다. 해당 영상은 여덟 살 남자아이가 컴퓨터 모니터를 정신없이 들여다보는 장면으로 시작한다. 모니터 안의 영상 속에는 6개월 전후의 아기가 엄마가 주는 이유식을 먹는 모습이 담겨 있다. 아기는 환하게 웃는 얼굴로 이유식을 받아먹고 아기 엄마는 잘 먹는다고 계속 칭찬하는 모습이다. 그야말로 아기도 소리 내어 까르르 웃고, 엄마도 사랑이 넘치게 웃는 소리가 행복이 가득해 보인다.

모니터 안의 영상이 끝나자 남자아이가 뒤에 앉아 있는 엄마 무릎에 얼굴을 파묻고 엉엉 울었다. 어릴 때 엄마가 자기를 얼마나 사랑했는지 느꼈다며 펑펑 우는 것이었다. 육아 일기는 아이에게도 감동을 주지만 먼 훗날 아기 엄마에게도 소중한 추억이 되어 행복을 가져다준다.

육아 일기를 썼을 때 또 다른 좋은 점은 자신의 육아 방식을 객관적으로 평가할 수 있다는 것이다. 즉 자신의 육아 방식을 한눈에 살펴보며 무엇이 부족하고 무엇을 잘못하는지 반성할 수 있는 기회가 된다.

나는 아직도 후회하고 반성하는 잘못된 육아의 기억이 있다. 큰아이가 다섯 살 무렵이다. 잠시 외출하고 집에 왔는데 집 안이 온통 장난감 등으로 난장판이었다. 순간 나도 모르게 그만 손에 잡힌 먼지떨이로 큰아이를 때리고 말았다. 큰아이가 새파랗게 질려서 우는 모습을 보고서야 정신이 번쩍 들었다. 밖에서 무슨 일이 있었는지 기억이 나진 않지만 안 좋은 일이 있어서 그 기분을 그대로 감정에 실어 체벌을 한 것이다. 그야말로 엄마로서 자격이 없는 행동이었다. 큰아이를 때린 기억은 평생 죄인처럼 나를 괴롭혔다. 아이들이 어지럽히며 노는 것은 당연한 건데 욱하고 만 것이다.

나는 큰아이가 성인이 되어 결혼을 한 후에 아들과 며느리를 앉혀놓고 사과를 했다. 엄마는 지금까지도 그 순간을 생각하면 가슴이 아프고 미어진다고, 그리고 너희는 아이를 낳으면 절대 감정이 실린 체벌을 하면 안 된다고 당부했다. 그때 아마 내가 육아 일기를 썼더라면 수백 번 잘못을 뉘우치고 더 많은 사랑을 주지 않았을까 하는 생각도 든다.

아기를 키우면서 느끼는 감정은 기록하지 않는 이상 시간이 지나면 그때의 감정을 온전히 표현하고 기억하기 힘들다. 너는 어려서 어떻게 자랐고, 어떻게 말썽을 부렸으며, 얼마나 사랑스러웠는지 이 모든 얘기를 리얼하고 세세하게 표현할 수는 없다. 특히 워킹맘이 육아 일기를 쓴다면 가슴속 깊이 아기에 대한 미안함이 절절하게 묻어 있는 감성 육아 일기가 될 것이다.

'소확행'이라도 먼 훗날에는 조각조각 모여 아름다운 추억이 되기에 충분하다. 매일 한 줄이라도 쓰는 습관은 당신을 훌륭한 스토리텔러로 만들어줄 것이다. 쓰는 데 의미를 두라. 쓰다 보면 쓸거리가 많아질 것이고 당신이 쓰는 육아 일기는 당신의 아이가 자라는 데 직간접적으로 많은 영향을 줄 것이다.

블로그를 이용해서 쓰는 방법도 있다. 블로그가 오픈되는 게 싫으면 비공개로 써나가도 된다. 블로그 카테고리를 아이별, 나이별, 가족 등으로 구분해서 기록하면 육아 일기는 훗날 가족 간의 대화공간이 될 수도 있다. 요즘에는 소셜 네트워크 서비스(Social Network Service: SNS)를 이용하거나 자기의 휴대전화에 남기는 등 방법이 다양하다. 하루에 5분에서 10분 짬을 내 육아 일기를 써보자. 훗날 돈으로 환산할 수 없는 아주 값진 시간이 될 것이다.

5장

내 아기를 부탁해요

베이비시터는 제2의 엄마다

내 아기는 12개월 슈퍼베이비

결혼한 딸은 친정엄마가 보낸 음식과 반찬을 택배로 받고 목이 메이고, 친정엄마는 딸이 생일 선물로 보내준 용돈을 받고 또 목이 메인다. 딸들은 늘 '엄마'라는 호칭에 목이 메인다. 딸은 결혼해서 아기를 낳아봐야 친정엄마의 깊디깊은 마음을 헤아린다고 한다. 산통을 겪는 과정, 아이를 키우는 힘든 과정이 고스란히 친정엄마를 향한 감사함과 죄스러움으로 뒤엉켜서 목이 메이는 것이다. 출산을 하면 친정엄마의 존재와 자신이 아기 엄마가 되었다는 두 가지 감성이 뒤엉켜 폭풍 눈물을 흘린다고 한다.

과연 "나는 엄마 자격이 없어요!"라는 말이 성립될까. 엄마는 엄마가 되는 순간부터 '엄마'일 뿐이다. 경제적으로 여유로워 풍요롭게 키워준 엄마이든 생활 환경이 열악해서 힘들게 자식을 뒷바라지한 엄마이든 모든 자식에게는 단 하나뿐인 존재가 '엄마'다.

특히 출산 후 휴가를 마치고 업무에 복귀해야 하는 엄마는 아기를 남의 손에 맡겨야 한다는 현실 앞에서 죄책감에 많이 갈등한다.

출산 휴가를 마치고 다음 주부터 회사에 복직하는 12개월 아들을 둔 워킹맘입니다. 한창 예쁜 짓을 하는 아기를 두고 출근해야 하는 아픈 마음을 워킹맘들이라면 공감할 거예요. 글을 쓰자마자 벌써 울컥하네요. 옆에서 예쁘게 자는 모습을 보니 더욱 가슴이 메입니다. 저는 친정과 시댁이 지방이라서 조부모님이 아이를 돌봐줄 수가 없어요. 육아 휴직을 어린이집 보낼때까지 더 쓰고 싶었는데 회사에서 싫은 내색과 빠른 기간 안에 복직을 요구하네요. 사실 큰 프로젝트를 앞두고 있기도 해서 더는 미루지 못하고 복직을 결정했어요.

복직 두 달 전부터 베이비시터를 구했는데, 두 번의 실패를 경험했네요. 첫 번째 분은 직거래 사이트에서 거르고 걸러서 다섯 분을 인터뷰한 후 결정했는데, 저의 육아 방식과 맞지 않고 자기 주장이 강해서 일주일 만에 이별했습니다. 두 번째 분은 이름 있는 업체를 통해서 인터뷰했는데, 연세가 좀 있는 거 외엔 맘에 들어서 출근을 하셨어요. 그런데 저희 아기 체중이 상위 1퍼센트에 속하거든요. 3주 정도 하시다가 그만 허리에 무리가 와서 더 이상 근무를 못하셨어요.

다시 그 업체에 아기 안는 데 무리가 안 되는 좀 더 젊은 분을 요청했어요. 다행히 50대 중반인 분을 소개받았는데, 이제 막 시작하셔서 3개월 경력밖에 안 되지만 참 좋은 분이라고 의향을 묻더라고요. 사실 아직 손주가 없어서 손주가 태어나면 케어하고 싶으셔서 베이비시터 교육을 받으셨대요. 구연동화 강의 듣고, 놀이시터 강의도 수료하셨더라고요. 한 달 적응기간을 거쳤는데 손수 이유식도 만들어주고 아기하고도 너무 잘 놀아주는 모습이 정말 아기를 사랑하는구나 하고 느꼈어요. 두 번의 착오는 겪었지만 그래도 제가 시터복은 있나 봐요. 저는 아기가 두 돌 되기까지 어린이집에 안 보낼 생각이에요.

모든 게 안심이 되는 상황인데도 막상 아기를 떼어놓고 출근하려 하니 가슴이 너무 아파서 이 밤에 잠 못 자고 이렇게 하소연해봅니다. 그리고 다른 한 편으로는 지금 분과 오래 함께하고 싶은데 자녀분이 결혼해서 손주가 태어나면 손주 보러 가셔야 하잖아요. 그게 제일 걱정이네요. 제발 천천히 결혼해서 손주를 천천히 보시길 기도합니다. 너무 이기적인가요!?

이 엄마는 첫 번째 시터와의 잘못된 만남, 그리고 두 번째 시터와의 짧은 인연을 겪고 마음이 착잡하고 서글펐을 것이다. 아기가 돌이 지나면 걸음마를 배우고 한창 호기심이 많아 모든 걸 확인하느라 매우 부산스럽다. 이런 아기를 둔 워킹맘에게 좋은 베이비시터가 찾아왔으니 얼마나 행운인가. 엄마가 항상 함께할 수 있으면 좋겠지만, 그렇다고 늘 함께 있어야만 꼭 좋은 엄마는 아니다.

아기가 성장해서 엄마의 존재에 대해서 느낄 나이 정도 되면 충분한 보상이 돌아올 것이다. 또 함께하지 못하는 대신에 언제든지 다른 방법으로 아기에게 사랑을 듬뿍 줄 수 있는 방법은 많다.

아기를 떼어놓고 일해야 하는 워킹맘의 귀는 대부분 팔랑귀다. 안 좋은 뉴스, '카더라' 통신 등에 수시로 팔랑팔랑댄다면 그만큼 당신 자신이 자신을 신뢰하지 못한다는 증거임을 알아차려야 한다. 상호 간의 믿음과 신뢰는 필수다. 엄마가 불안하면 아기도 불안하고, 베이비시터도 자긍심을 잃을 수 있다. 베이비시터는 아기가 워킹맘의 손을 떠나는 순간부터 제2의 엄마라는 걸 잊어서는 안 된다.

아기의 주 양육자가 바뀌는 상황에서 엄마가 먼저 해야 할 일은 내 아기가 베이비시터와 잘 지낼 수 있도록 안정감을 찾아줘야 한다는 것이다. 또한 베이비시터가 아기를 케어하는 데 어떤 불편함은 없는지 한 발 물러서서 현명하고 합리적으로 체크해야 한다.

처음에 좋은 베이비시터를 찾기 위해 절박하게 고민했던 시간을 잊어서는 안 된다. 어떻게 하면 엄마와 시터와 아기가 삼위일체가 되어 성공된 육아를 할 수 있을까. 당신은 엄마다. 엄마의 자리는 영원하다. 어떤 생각과 걱정이 마음에 자리하려 해도, 어떤 소리가 유혹해도 수시로 팔랑거리는 귀를 접어야 한다. 당신의 결정과 선택을 믿어야 사랑스러운 내 아기의 육아에 성공할 것이다.

"당신은 베이비시터에게 엄마의 자리를 내줄 수 있는가?"

"So cool!!"

이렇게 외칠 수 있다면 워킹맘으로서 올바른 마음과 자세를 가지고 있는 엄마다.

교집합의 최댓값 올리기

유사성의 원리

사랑하는 사람이나 부부는 오래 같이 살다 보면 얼굴이 닮는다는 속설이 있다. 오랜 시간 부부가 함께하면 얼굴 표정의 근육과 분위기 등이 많이 닮아간다는 얘기다. 그런데 최근 미국 스탠퍼드 대학교 연구진이 이를 검증한 결과를 〈사이언티픽 리포트〉에 발표했다. 인공지능의 안면인식 알고리즘을 이용하여 과학적으로 분석한 결과 부부의 외모가 닮는다는 것은 근거가 없다는 것이다.

즉 부부의 얼굴이 닮는 것은 함께한 세월 때문이 아니라 처음부터 서로 닮은 사람끼리 만난다는 것이다. 사랑에 빠진 연인이 데이트를 할 때 남매가 아니냐는 질문을 많이 받는다. 특히 택시를 타면 택시 기사들이 그런 질문을 많이 한다.

인간관계는 처음부터 자신과 닮은 사람을 만나면 호감이 생기고 끌린다. 서로 비슷한 남녀가 만나 결혼을 하고 평생을 함께하면 분위기와 사고까지 닮아간다는 얘기일 것이다.

그렇다면 이렇게 서로에게 끌리는 연인들은 어떻게 둘 사이의 거리를 좁혀나갈 수 있을까. 어떤 과정과 방법을 거쳐서 서로의 간극을 없애고 밀착시켜 공감대를 형성할까. 이는 연인 사이뿐만 아니라 많은 사람이 호감을 가지고 있는 사람들과 관계를 개선하기 위해 갖는 공통 관심사일 것이다.

"아유~ 손자가 외할머니를 엄청 좋아하네요! 아기 엄마도 미인인데, 친정엄마도 참 고우시네요. 두 모녀가 너무 친해 보여서 자매 같아요(웃음)."

"아! 정말요? 저희 엄마 참 곱죠? 저보다 엄마가 더 미인이세요. 젊었을 땐 동네에서 소문난 미인이었대요! 울 아들도 외할머니를 너무 좋아해요. 할머니가 몇 시간이라도 안 보이면 할머니 어디 가셨냐고 찾고 난리예요."

"그러게요! 참 좋으시겠어요! 저는 친정엄마가 안 계셔서 이렇게 모녀가 다정하게 다니는 걸 보면 넘 부러워요!"

어느 식당에서 외식하러 나온 가족이 서빙하는 종업원과 나누는 즐거운 대화 모습이다. 네 살짜리 남자아이는 할머니 곁에 찰싹 붙어서 계속 할머니 손을 꼭 붙잡고 있다. "할머니, 할머니!"를 불러대며 이것저것 질문을 하고 할머니는 다정다감하게 사랑스러운 미소로 대답하며 손주의 머리를 계속 쓰다듬는다. 아이 엄마는 그

옆에서 아이와 할머니를 한없이 편안하고 행복한 눈으로 바라본다. 그런데 사실 종업원이 모녀로 본 두 사람은 모녀가 아니고 아이를 3년 동안 돌보고 있는 베이비시터와 아기 엄마 관계다.

심리학에서는 이런 현상을 유사성의 원리(Principle Of Similarity)라고 한다. 공통된 영향력을 발휘하려는 목적을 가진 사람끼리는 다양한 방법을 통해 서로 비슷하게 보이려고 노력하고, 상대방과 친밀감을 가지고 가까워지기를 원하는 심리가 작용한다는 얘기다.

모든 인간관계는 상호적이다. 또 모든 관계는 자신에게서 시작된다. 원하는 대로 좋은 결실을 얻으려면 스스로 노력해야 한다. 좋은 인간관계를 맺으려면 항상 상대방을 존중하고 진솔한 대화를 나누며 신뢰를 바탕으로 배려하는 마음을 가져야 한다. 베이비시터에게 내 아기의 양육자 자리를 내어준 워킹맘이라면 더욱더 그렇다. 행복은 늘 우리 곁에 있다. 먼 곳만 바라보는 사람은 행복이 옆에 와도 놓쳐버린다. 자신이 찾아낸 행복을 깨닫지 못하고 까다로운 조건을 내세우는 사람은 평생 행복을 좇다가 허송세월할 것이다. 행복이란 특별한 게 아니다. 자신에게 가까이 와 있는 기회를 어떻게 행복으로 바꾸느냐는 자신에게 달려 있다.

앞에서 예를 든 워킹맘과 베이비시터는 하루아침에 형성된 관계가 아니다. 부부가 행복한 가정을 꾸리려면 끊임없는 양보와 노력이 쌓여야 한다. 하물며 전혀 모르는 남인 베이비시터를 만나 한 가족이 되려고 하는데 워킹맘인 아기 엄마의 역할이 얼마나 중요하겠는가.

물론 처음 인연을 선택할 때 어느 정도 가치관과 사고 등 서로 코드가 맞는 인연을 선택했을 것이다. 그렇다고 하더라도 서로를 맞추어 나간다는 게 어디 생각처럼 쉬웠겠는가. 모녀지간, 외손주와 외할머니로 보이기까지 아기 엄마가 얼마나 노력했을지 짐작이 간다. 이렇듯 사람과 사람의 관계는 진솔한 마음으로 다가가면 원하는 것 이상의 긍정 공감대를 형성하여 닮은꼴을 만들어줄 것이다.

사람들은 대부분 좋은 것, 좋은 풍경, 맛있는 음식을 보면 자연스레 사랑하는 사람을 떠올린다. 좋은 것은 뭐든 함께하고 싶은 마음이 진정으로 상대를 사랑하는 마음일 것이다. 특히 사랑하는 가족이라면 함께 느끼고 나누고 공유하고 공감하고 싶은 마음은 당연한 이치다.

베이비시터와 막 인연을 시작하는 워킹맘이라면 몇 년 후의 그림을 그려보라. 내 아기가 베이비시터와 헤어질 때 어떻게 설명해줘야 상처받지 않을까 고민하는 워킹맘이 되어보라.

시터와 이별하는 것이 가슴 아파서 눈물 흘리는 엄마, 이별 선물을 어떤 걸 해드려야 할지 고민하는 엄마, 퇴직금으로 얼마를 드려야 할지 고민하는 엄마……. 이런 고민을 하는 엄마는 시터와 삼위일체가 되어서 육아에 성공한 엄마임에 틀림없다고 본다. 지금 시터와 인연을 시작하는 엄마들은 몇 년 후에 시터와 헤어질 때 이런 모습으로 헤어짐을 목표로 관계를 맺어가야 한다.

베이비시터와 싱크로율 100퍼센트 맞추기

베이비시터와 동행을 결정했다면 당신이 결혼생활을 시작할 때의 자세와 마음가짐을 떠올려보라. 그 마음으로 임한다면 분명 모두가 행복해질 것이다. 행복이란 앞에서 얘기했듯이 항상 가까이 있으며, 매 순간이 행복하다 생각하면 주위 사람도 행복해진다. 당신의 천사는 행복할 권리가 있다.

함께 한곳을 보고 걸어야 할 주 양육자는 당신의 가족이다. 당신이 가족으로 생각하면 당신과 베이비시터는 최대치의 공통분모를 가질 것이다. 베이비시터가 싱크로율 100퍼센트에 근접하는 관계를 만드는 것 또한 아기 엄마의 과제다. 당신 천사의 행복할 권리를 지켜주려면 당신과 베이비시터의 합의 일체가 우선이다.

나는 개기일식을 보면 천생연분 부부를 생각한다. 당신과 베이비시터의 관계가 부분일식보다는 개기일식 그림으로 그려지길 바란다.

주말엔 애착육아로 안정애착 형성하기

애착 형성이 아이의 미래다

엄마와 아기의 애착은 태아 때부터 만들어진다. 그래서 아기는 태어날 때 본능적으로 엄마의 심장소리와 체취를 맡고 안정감을 느낀다. 엄마와 아기의 이 같은 관계를 인간의 본능이라고 설명한다. 사람에게 사랑받고 싶은 욕망 또한 인간의 본능이다.

많은 정신분석학자와 심리학자들은 아기 때 형성된 애착의 형태는 크게 안정형, 불안형, 회피형 등 세 가지로 나뉜다고 말한다. 이 중 가장 이상적이고 바람직한 애착 형태는 안정형으로 성인 세 명 중 두 명이 이에 속한다고 한다.

안정형의 애착 형태를 갖기 위해서는 어렸을 때 엄마와의 관계가 밀접한 영향을 미치는 것이 사실이지만 꼭 엄마가 주 양육자이어야 한다는 원칙은 없다. 그리고 가정 환경이 편안하고 여유로운 분위기라면 더할 나위 없이 좋은 조건이지만 이 또한 무조건적인 원칙은 아니다. 엄마가 주 양육자가 될 수 없는 상황이라면 엄마를 대신해줄 훌륭한 주 양육자를 만들어주면 된다. 또 환경이 좋지 않고 어려움과 시련이 있는 상황이라면 긍정적인 정신으로 스스로 어려움을 이겨내어 안정을 찾는 사람도 많다. 이렇듯 아이가 안정된 애착을 형성하는 데는 부모의 역할이 매우 중요하다.

얼마 전 용인에 위치한 자연휴양림에 간 적이 있다. 벚꽃과 진달래, 갓 피어오르는 연녹색의 나뭇잎이 수채화를 연상시키는 아름다운 산속 풍경을 만들었다. 나무 사이에서 지저귀는 새소리와 아이들 뛰노는 소리가 어우러져 숲속은 천국처럼 아름다웠다. 언제쯤 아이들이 마스크를 벗고 마음껏 뛰어노는 날이 오려나 안타깝기 그지없었다.

휴양림 입구에는 커다란 잔디운동장이 있었다. 잔디밭에서 공을 차는 아빠와 아들, 배드민턴을 치는 엄마와 딸, '짚라인'을 즐기는 아이들, 텐트를 치고 김밥을 먹는 아이들……. 아이들의 행복한 아우성이 산속 가득 울려 퍼졌다. 한쪽에는 목공예실이 있어 아이들이 체험 프로그램을 즐겼다.

과거 1960년대쯤에는 특별히 장난감이란 게 없었다. 여자아이들의 장난감은 주로 엄마나 언니가 만들어준 인형이 전부였다. 그 당시는 해가 지는 것도 모르고 동네 공터에서 정신없이 뛰어놀았던 게 놀이였고, 굴러다니는 돌멩이나 나뭇가지가 장난감이었다. 소꿉놀이, 구슬치기, 딱지치기, 고무줄놀이, 땅따먹기, 공기놀이 등등을 하며 놀았다.

오늘날 아이들은 어떤 환경에서 어떤 놀이를 즐길까. 무방비 상태로 노출되어 있는 영유아용 미디어 프로그램은 아이에게 어떤 영향을 미칠까. 독일의 뇌과학자 만프레드 슈피처 교수는 영유아기의 '디지털 치매'를 경고했다.

만 3세 미만의 어린아이들이 미디어나 스마트폰 영상물을 보면 두뇌 형성에 부정적으로 작용한다는 결론을 내렸다. 이는 언어와 인지 능력을 약화시켜 학습능력 계발에 부정적인 영향을 미친다는 연구 내용이다. 이렇듯 눈만 돌리면 유혹하는 나쁜 환경에 노출되어 있는 내 아이를 위해서 부모가 방법을 찾아야 한다. 놀이란 게 특별한 이벤트가 있어야 하는 건 아니다. 돌아보면 모든 주위 환경이 놀이터다. 아이들은 부모보다 훨씬 창의적이고 다양하게 놀이를 찾아 즐기는 능력과 사고가 있다.

놀이가 중요한 시기는 영유아 때부터 다섯 살에서 여섯 살까지다. 의외로 긴 시간이라고 생각할 수도 있지만 아이가 그 시기를 어떻게 보내느냐에 따라 삶의 가치관과 성격이 결정된다는 것을 염두에 두어야 한다. 그렇다면 주중에 아기와 놀아줄 수 없는 워킹맘은 어떻게 해야 할까. 늘 미안하고 죄스러운 마음을 어떻게 해소해야 할까. 아이의 본능을 충족시켜줄 수 있는 방법이 무엇인지 고민하고 모색해야 한다.

워킹맘 부부의 휴일

워킹맘 부부는 주말에 쉴 시간이 없다. 어차피 부모와 애착관계가 형성된 후에는 함께하고 싶어도 아이가 스스로 분리되고 싶어 품에서 도망가는 시기가 온다. 그때 실컷 쉬면 된다. 따라서 아이가 필요로 할 때 곁에 있어주는 게 부모로서 가장 좋은 방법이다.

주 양육자인 베이비시터가 채워주지 못한 부분은 최대한 주말을 이용해 최고로 행복한 시간으로 채워야 한다. 놀다가 지쳐서 잠에 떨어질 정도로 놀아줘보라. 학원, 이런 것 필요없다. 놀이에 굶주린 아이의 본능을 깨워야 한다.

부모는 아이가 주도적이고 자율적으로 놀 수 있도록 옆에서 거들어주기만 하면 된다. 넘어져서 깨지고 조금은 다쳐도 상관없다. 좀 더러워지고 지저분해지면 어떤가. 아이들은 또래와 함께 넘어지고 뒹굴고 치대면서 교감하고 공동체와 협동을 배운다.

이렇게 있는 힘을 다해 몸을 던져 노는 아이들은 성격이 밝고 긍정적이 된다. 아이는 다양한 놀이를 통해서 창의적인 아이디어를 얻고 놀이터 안에서 미래를 배운다. 워킹맘이라면 주말 육아의 연장근무를 기꺼이 받아들여야 한다. 아이들은 놀이를 통해서 배우고 성장하기 때문이다.

워킹맘도 쑥쑥
내 아기도 쑥쑥

나만의 루틴 정하기

내가 한창 골프를 즐길 때 늘 같이한 파트너가 있었다. 서울의 모 대학병원 교수인데 자기관리에 정확하고 철저했다. 골프를 칠 때도 일정한 루틴을 정해놓고 늘 한결같은 샷을 구사했다. 나도 그녀에게 한 수 배워 티샷할 때 항상 마음속으로 나만의 루틴을 적용했다. 하나, 둘, 셋 하고 마음속에 숫자를 세며 자세를 잡은 후 마지막으로 힘을 빼며 때리는 습관인데 이대로 하면 티샷은 어김없이 보는 방향에서 벗어나지 않았다. 가끔 시간에 쫓기거나 사정이 여의치 않아 루틴대로 치지 못하면 반드시 엉뚱한 방향으로 오비가 나왔다. 즉, 루틴은 일종의 자신에게 최면을 거는 마인드컨트롤이라고 할 수 있다. 육아를 할 때도 나만의 루틴을 마음속에 적용해보라.

베이비시터와 당신의 아기를 위해 그리고 당신의 일상을 위해 마음속에 좋은 습관을 들여보라. '나는 행복해질 수 있다.' '나는 훌륭하게 직장 생활을 해낼 것이다.' '내가 행복하면 내 아기도 행복하다.' '내 아기는 베이비시터와 함께 행복하다.' '아침에 출근할 때 베이비시터에게 감사하다고 인사하고, 저녁에 퇴근해서도 한 가지 이상 칭찬하자.' 등등 자신만의 습관을 들여보자. 그러다 보면 회사에서도 대인관계가 원만하고 점점 행복한 사람이 되어간다는 걸 느낄 것이다. 이것이 습관의 엄청난 결과다.

워킹맘의 긍정적인 힘의 근원은 자신의 아기에게서 나온다. 지나간 시간은 죽을 만큼 고통스럽지만 견디며 이겨낸 후엔 대견할 것이다. 시간이 지나면 그 시간마저 그리운 게 육아다. 잊을 수 없는 그 시간과 함께 내 사랑하는 아기와 내 가족 구성원이 조금씩 성장해왔다는 걸 시간이 지나면 깨달을 것이다.

깨달음을 인식할 때쯤이면 아기도 어느새 쑥 자랐을 것이고, 엄마도 쑥, 아빠도 쑥, 직장에서 쑥 성장해 승진에 또 승진을 바라보는 능력자가 되어 있을 것이다. 모든 워킹맘의 공통된 소망은 원하는 대로 승진하고, 원하는 대로 직무가 주어지고, 원하는 대로 부하 직원이 척척 일을 처리해주는 것이다. 승진 대상자인데 회사 사정이 안 좋아 누락자가 많다는 소문을 듣고 우울한 워킹맘, 이유인즉 육아 휴직을 썼기 때문에 누락 우선순위라는 것이다.

사실 많은 워킹맘이 능력이 없어서가 아니라 여성이라서, 출산 경력자여서, 육아 휴직자라서 승진 대상에서 제외된다. 이처럼 여성에게만 적용되는 불합리한 제도로 말미암아 워킹맘은 소외감,

박탈감, 위기감 등을 겪으며 항상 불안하고 초조하다. 그러나 그럴수록 의연해야 한다. 거북이면 어떻고, 승진시험에 떨어지면 어떠랴. 차근차근 가면 된다. 자신의 응원군인 아기가 있잖은가.

워킹맘의 에너지는 베이비시터

30개월 딸아이 수연 엄마는 베이비시터가 보내온 발달검사 사진이랑 수연이 낮잠 자는 사진을 들여다본 후 사무실 창밖 하늘을 올려다보며 감사의 눈물을 글썽였다.

"수연 엄마! 수연이 발달검사 끝났어요. 좋은 결과예요. 귀가해서 자세한 내용 알려줄게요."

"아, 네. 알려주셔서 감사합니다, 선생님! 제가 조금 있다가 중요한 회의라서요. 천천히 알려주셔도 됩니다."

"수연이 병원 다녀와서 야채 밥에 김달걀말이, 시금치나물. 양파볶음 반찬해서 먹었어요. 한 숟갈 정도 남겼는데 달걀말이는 다 먹었어요. 30분 정도 놀다가 이제 잠들었어요. 검사 결과는 키 80퍼센트, 몸무게 70퍼센트고 대근육, 소근육 발달 정상이며 언어, 인지, 사회성, 자조능력 모두 정상으로 나왔어요. 걱정 말고 근무하세요. 퇴근 때 봐요."

"네, 선생님, 수고하셨습니다. 선생님 덕분에 우리 수연이 잘 크고 있네요. 정말정말 진심으로 감사드려요. 선생님 아니었으면 저 이렇게 맘놓고 일 못할 텐데, 감사하단 말씀밖에 드릴 말씀이 없어요. 퇴근 후에 뵐게요!"

수연이가 태어난 지 9개월 때 받은 발달검사 결과를 생각하면 지금도 가슴이 메인다. 다른 건 다 정상인데 대근육 발달이 너무 늦다는 결과였다. 다시 종합병원 재활의학과에서 검사한 결과 3개월 정도 지연발달이 있고 언어평가에서 6개월 수준이라 언어치료도 해야 한다고 했다. 복직을 앞두고 아기의 발달지연 결과를 들은 수연 엄마는 엄청난 고민을 했다.

결국 복직을 연기하고 재활치료에 사활을 걸고 매달린 결과 또래 아기들 수준까지 끌어올리는 데 성공할 수 있었다. 담당 교수는 아기마다 발달수준이 다르므로 걱정할 수준은 아니라고 했지만 직장 퇴사까지 고민까지 했던 게 사실이다. 수연이가 정상적인 수준에 다다랐을 때 다시 복직을 결정하고 지금의 베이비시터를 만나기까지 몇 번의 실패가 있었다.

15개월이 되기까지 수연이가 정상에 가까워질 수 있도록 많은 정성으로 보살펴주셨다. 2차 검사를 받을 때는 그래도 안심이 안 되어 시터 선생님과 함께 갔다. 3차 검진 때는 회사 업무 때문에 시터 선생님께 검사를 부탁했다. 24시간을 수연이와 함께하는 주양육자인지라 크게 문제가 될 것은 없지만 사실 아기한테도 미안하고 시터분께도 죄송한 마음이 많았다.

그러니 베이비시터에 대한 고마움이 사무칠 수밖에. 마음 놓고 회사 프로젝트를 이끌어갈 수 있고 당당하게 일할 수 있는 힘 역시 내 아기가 잘 자랄 수 있게 도와주는 양육자가 있다는 든든한 배경 때문일 것이다.

워킹맘의 힘의 원천이자 버팀목은 자신의 아기다. 아기가 건강하고 훌륭하게 자라는 힘의 원천은 주 양육자인 베이비시터다. 당신이 소망하는 아기의 미래를 위해 믿음을 가져보자. 긍정적인 마음으로 당신만의 루틴을 만들어 습관화해보자. 어쩌면 가슴이 터질 듯 워킹맘 만세를 외치는 날이 올 것이다. 당신에게 주어진 달란트를 모두 쓸 수 있는 엄마가 되기 바란다.

아기를 춤추게 하는 베이비시터

반가운 베이비시터가 돼라

코로나19로 어른 아이 할 것 없이 마스크를 착용하다보니 어린 아이들의 언어 발달이 많이 지연된다고 한다. 원래 어린아이들의 언어 습득은 말하는 상대의 입 모양과 얼굴 표정을 보며 그대로 모방하는 방식으로 발달하는데, 그러한 과정이 이루어지지 않으니 심각한 언어발달과 상호 소통에 문제점이 드러나는 것이다.

어린이집이나 유치원에서 선생님의 또렷한 입 모양을 보고 정확한 언어습득을 해야 하는데 입이 마스크에 가려져 눈빛으로만 소통하는 교육이 이루어지고 있다. 이는 언어뿐만 아니고 지적, 정서적, 사회성 발달 등 여러 면에서 제동이 걸리고 있다.

전문가들은 생후 5년까지 아이의 평생을 결정 짓는 뇌의 기능이 발달한다고 말한다. 유아 전문가들이 얘기하는 3년이 제일 중요하다는 이론의 근거는 이 기간에 아기 두뇌의 신경세포인 뉴런과 혈관이 모두 형성되고 5년이면 두뇌 형성이 거의 완성된다는 것이다.

아이는 태어나면서부터 부모의 목소리를 듣고 뇌에 자극을 받으며 자란다. 부모의 목소리를 듣고 언어를 인지하기 시작하고 의미를 습득하면서 정상적인 언어발달 과정을 거친다.

이렇게 중요한 시기를 보내야 하는 소중한 아기가 코로나19로 인해 불이익을 보는 이 상황을 어떻게 극복해야 할까. 이럴 때일수록 각 가정에서는 아이들의 성장 발달에 더 많은 관심을 가져야 할 것이다.

목이 몹시 말랐던 개미가 시냇가로 물을 마시러 왔어요. 정신없이 물을 마신 개미는 크게 숨을 내쉬었지요.

"아! 시원하다!!"

그런데 바로 그 순간 개미는 발이 미끄러져 물에 빠지고 말았어요.

"아앗, 어떻게!"

"뫠? 뫠요? 함머니? 개미가 왜 그래쪄요?"

"우리 준우는 개미가 뭔지 알아요?"

"네, 알아요. 요오기~ 그림책에 이쩌요."

"응? 음! 준우는 물이 있는 곳에서 미끄러져 봤어요?"

"네! 쪼오기, 으음, 화장실에서요."

"음 그랬쩌요? 우리 준우도 조심해야겠네? 개미도 조심하지 않아서 미끄러졌나 봐요."

"그래서? 개미가 물에 빠져쪄요? 어떠케 해? 그러믄 죽어요?"

"자~ 그럼 개미가 어떻게 되었을까요? 할머니가 계속 읽어줄게요."

개미는 헤엄치려고 버둥거렸지만 몸은 점점 물살에 밀려서 아래로 떠내려 갔지요.

"살려주세요!"

개미는 있는 힘을 다해 소리 지르며 허우적거렸어요. 그때 마침 나무 위에서 쉬고 있던 비둘기 한 마리가 그 소리를 들었어요. 비둘기는 재빨리 나뭇잎 한 장을 입에 물고 날아가 개미 앞에 띄웠어요.

"자! 그 나뭇잎 위로 올라오렴."

"음, 함머니 개미가 살아나쪄요?"

"응 그럼, 살아나고말고, 비둘기가 살려준 거예요!"

"그럼 착한 비둘기예요?"

"그럼! 그럼!"

"그래서요? 또 읽어주세요."

어느 베이비시터가 17세기 프랑스 시인 장 드 라 퐁텐의 우화 중 《비둘기에게 은혜 갚은 개미》를 5세 남아에게 구연하고 있다. 남자아이는 베이비시터 할머니가 들려주는 동화에 넋을 잃고 할머니 입과 표정을 하나도 안 놓치지 않고 쳐다보며 반응하고 질문을 쏟아낸다. 할머니의 표정에 따라 같이 찡그리고, 놀라고, 가슴을 쓸어내리고, 안도하며 세상에서 제일 재미있는 동화를 듣는 것마냥 신기해하는 모습이다.

준우네 집에는 TV가 없다. 요즘 영유아들에게 미디어가 미치는 영향이 심각하다는 학자들 이론을 수용하여 과감하게 TV를 없앤 케이스다. 미디어를 대신하는 것은 부모나 베이비시터, 즉 주 양육자가 스토리텔러가 되고 다양한 상황의 역할놀이를 해주면 된다. 이 집에서는 준우를 6개월 때부터 보살펴온 베이비시터가 그 역할을 하고 있다. 이렇게 훌륭한 베이비시터 덕분에 준우는 언어 발달과 인지 능력, 정서적인 안정감 등 모든 면에서 또래보다 앞선 발달이 나타났다.

베이비시터는 육아 휴직 중인 준우 엄마와 3개월 동안 적응 기간을 거쳤으며 준우 엄마가 복직하고 거의 4년 동안을 친손자 이상으로 준우를 예뻐하며 훌륭하게 키우고 있다. 준우 엄마가 복직할 무렵 매일 아침 베이비시터가 출근하면 준우는 꺄 소리와 함께 두 팔 벌려 춤을 추며 보행기를 타고 돌진했다.

그 모습을 보며 준우 엄마는 친부모처럼 베이비시터를 안심하고 신뢰할 수 있었으며 마음 놓고 회사 생활을 할 수 있는 힘을 얻었다. 그렇게 춤추며 반기던 아기가 베이비시터 할머니 구연동화에 흠뻑 빠질 정도로 많이 자란 것이다. 아기는 말을 못하지만 표정과 몸짓으로 언어 표현을 한다. 현재 준우 엄마는 베이비시터 선생님이 건강하셔서 준우와의 인연이 오래도록 이어지길 바라고 있다.

춤추는 내 아기

아기를 춤추게 하는 베이비시터와 인연을 맺고 있다면 당신과 아기에게는 축복받은 미래가 기다리고 있다. 사람은 독불장군처럼 혼자 살 수 없다.

아무리 지능이 높은 사람이라도 남의 도움을 받지 못한 채 혼자서 살아간다면 그 사람은 환경적응력이 자신의 지능 범위 내에만 머문다고 한다. 그러나 지능이 그보다 훨씬 낮은 사람일지라도 다른 사람의 도움을 받으며 살아간다면 지능이 높은 사람보다 환경적응력이 훨씬 높다고 한다.

그러므로 내 아기를 춤추게 하는 베이비시터라면 두 팔 벌려 마주 잡고 함께 춤추는 엄마가 되어야 한다. 당신과 당신의 천사 같은 아기 그리고 베이비시터 모두 함께 행복한 춤을 추는 아름다운 패밀리가 되길 바란다. 당신은 분명 육아와 당신의 일에 성공하는 워킹맘이 될 것임을 확신한다.

부록

베이비시터,
이런 마인드면 성공한다

1. 취미나 여가 생활로 착각하지 마라

베이비시터에 도전하는 사람들은 대부분 50대 전후다. 자녀를 대학에 입학시키고 나서 시간적 여유가 생기는 때다. 또 전업주부든, 워킹맘이었다가 경력이 단절되었든, 자신의 삶을 한번 뒤돌아보고 성찰하는 시기이기도 하다.

100세 시대의 인생에서 절반을 살았다. 어떤 사람은 직장에서 큰 성과를 거두었을 것이고 어떤 사람은 집에서 훌륭히 아이를 양육했을 것이다. 이제 다양한 삶의 형태로 각기 다른 위치에서 인생 1막을 끝내고 제2막의 인생을 준비해야 한다. 제2막의 인생을 베이비시터에 도전하고 싶다면 우선 엄격하고 냉정하게 자신을 들여다보아야 한다. 적당히, 대충, 나도 아기 엄마였으니까, 심심해서, 시간이 남아서와 같은 마인드라면 도전할 생각은 꿈도 꾸지 말아야 한다.

왜냐하면 베이비시터는 한 인격체를 완성하는 주 양육자로서 중요한 역할을 하기 때문이다. 베이비시터를 취미나 여가로 착각하는 것은 커다란 오산이며 위험한 사고의 발상이다.

2. 자신만의 캐릭터를 만들어라

혹시 베이비시터계의 인플루언서가 되고 싶은 야망은 없는가. 요즘 SNS상에서 다방면으로 핫하게 뜨고 있는 인플루언서에 대한 관심이 뜨겁다. 인플루언서로서 여러 복잡한 자격 요건을 충족하라는 의미는 아니고 그만큼 자기관리를 잘하는 사람이 되라는 얘기다. 어느 분야든 자신이 하고 있는 일에 대해 타인 앞에 과감히 노출할 수 있는 일종의 이미지메이킹도 필요하다는 얘기다.

그러러면 베이비시터로서 엄청난 내공을 키워야 한다는 사명감이 필요하다.

이왕 도전하기로 마음먹었다면 기초부터 시작해서 전문적인 베이비시터의 커리어를 만들어가며 최고의 캐릭터를 만들라고 조언하고 싶다.

"○○○ 매니저는 회사에서 최고 에이스 매니저!"

베이비시터 분야에서 전설이 되는 건 어떤가! 이왕 도전하는 것 최고의 실력을 가진 이미지를 만들어보라.

3. 자존감 끌어올리기

어떤 도전이든 구체적인 목표를 세워야 한다. 현재 나의 위치가 내세울 만한 경력도 없고 학력도 눈높이에 못 미칠지라도 그에 상응하는 노력을 하면 훌륭한 결과가 나타날 것이다. 천천히 한 걸음씩 자신을 업그레이드하는 작업을 꾸준히 해야 한다. 자존감은 자신을 믿는 마음에서부터 시작된다. 자존감을 끌어올리면 일에 대한 도전과 그에 대한 성취 욕구도 서서히 채워질 것이다.

자존감은 자신이 하는 일에 대한 프로의식을 심어주는 근원이다. 자신의 정체성을 제대로 확립할 수 있는 사람은 자아에 대한 존중감을 확실히 가질 수 있다.

즉, 자신을 있는 그대로 긍정적으로 평가할 수 있다는 얘기다. 베이비시터로서 프로의 마인드를 가져보라. "나는 프로다." 하고 날마다 외쳐보라. 베이비시터는 아기 엄마를 대신하는 주 양육자임을 인지하고 최고의 자존감을 끌어올려야 한다. 궁극적으로는 베이비시터의 자존감이 아기의 자존감과 연결된다는 것을 잊지 말아야 한다.

4. 시작은 어렵지만 아기는 기쁨과 행복의 선물이다

첫 근무는 누구든 어렵고 두려우며 어설프다. 어쩌면 육아를 해본 지 오래되어서 실수하면 어쩌나 하는 두려운 마음이 당신을 위축시킬 것이다. 그러나 당신은 엄마로서 육아 경력자다. 현 시대의 트렌드에 해당하는 육아교육도 받았다.

아기 얼굴을 들여다보라. 그 얼굴에서 자신감을 찾아보라. 천사의 얼굴은 당신에게 자신감과 용기를 줄 것이다. 아기는 기쁨과 웃음의 전도사다. 웃음을 주는 아기는 당신에게 속삭일 것이다. 다음에는 무얼 해주세요, 배가 고파요, 기저귀를 갈아주세요, 졸려요 등 수많은 대화를 표정으로 얘기할 것이다. 그 표정 속으로 당신의 두려움은 사라질 것이며 자신감을 동반한 따뜻한 행복으로 바뀔 것이다.

당신은 천사의 얼굴과 미소를 보고 싶어서 베이비시터에 도전하지 않았는가. 아기는 항상 당신에게 천사의 웃음을 선물할 것이다. 행복하고 싶고 젊어지고 싶다면 베이비시터가 적격이다.

5. 교육 이수 후 공백기를 최소화하라

도전하고 싶어서 뛰어들었으면 망설이며 시간을 낭비할 필요가 없다. 베이비시터 자격증을 취득하거나 교육을 수료한 후 취업하는 베이비시터는 20~30퍼센트에 그친다고 한다. 베이비시터 도전을 목표로 교육을 이수했으면 가능하면 단시일 내에 실전에 뛰어들기를 바란다. 공백기를 최소로 줄여야 한다.

베이비시터 교육은 실습을 겸하기 때문에 바로 투입되어야 교육 내용을 적용하기가 쉽다. 교육 내용이 실무 위주라서 현장에 투입되면 곧바로 연결되는 장점이 있다.

현장실무는 실습 내용을 상기하면 당황하지 않고 여유 있게 업무를 진행할 수 있다. 그러나 공백기가 많으면 실습 내용도 희미해지고 자신감도 점점 없어지며 원래의 도전 의미마저 유야무야 퇴색하여 도전을 포기하는 사람이 많다.

물 들어올 때 노 저으란 얘기가 있듯이, 교육수료 후 기회가 올 때 바로 편승해야 한다. 실습 내용과 베이비시터 업무를 잊지 않기 위해서는 단기 서비스라도 자원해서 아기 돌보는 경력을 쌓아야 한다. 정말 좋은 인연을 맺기 위해서는 단기 경력이라도 실력을 차곡차곡 쌓아나가야 한다.

도전을 두려워하지 말고 망설이지 말라. 망설일수록 손해고 도전의 꿈은 퇴색하고 만다. 다시 말해 교육 이수 중에 가슴을 뛰게 했던 꿈과 열정을 당장 현장과 연결하는 게 최선이다.

6. 자기 최면을 걸어라

아기는 제일 먼저 엄마의 냄새를 기억하고 그다음에 베이비시터의 냄새다. 즉, 베이비시터는 아기 엄마의 주 양육권을 인수받은 제2의 엄마다. 그러니 시터의 역할이 얼마나 중요하고 책임이 막중한지를 알 수 있다. 이런 관점에서 필요한 베이비시터의 마인드는 무엇일까. 베이비시터는 제2의 엄마로서 살신성인 사명감을 가지고 아기를 돌보아야 한다.

아기 엄마는 자신과 함께하는 베이비시터가 특별한 능력을 갖춘 사람이길 바라고 이를 믿고 싶어 한다. 당신이 당당한 시터로서 자신감을 갖는다면 따뜻함과 온화함을 포함한 진솔한 시터가 될 수 있을 것이다. 항상 '나는 할 수 있다', '나는 아기에게 최고의 사랑을 줄 것이다'.와 같은 마인드컨트롤을 하면 늘 아기에게 편안함과 안정감을 줄 수 있다.

어떤 일이 일어나도 당황하거나 이성을 잃어서는 안 된다. 당신은 아기의 엄마를 대신하는 제2의 엄마이기 때문이다.

7. 아기와 베이비시터의 행복지수를 높여라

출근하기 전에 늘 마음이 설레는 시터는 충분한 자격이 있는 사람이다. 오늘은 아기가 어떤 모습으로 어떤 즐거움과 기쁨을 줄까. 어떻게 변한 모습을 보여줄까 하는 기대를 하는 만큼 아기도 당신이 오는 시간을 기다리며 반길 것이다. 아기를 행복하게 해주는 방법은 여러 가지다. 아기가 행복을 느끼는 순간은 어떤 경우일까?

우선순위는 아기의 엄마가 행복해야 아기에게 행복이 전달된다. 그다음 순위는 베이비시터가 행복해야 그 감정이 오롯이 아기에게 전달된다. 즉, 아기의 주 양육자 역할을 하는 베이비시터가 느끼는 순간순간의 감정이 아기와 정서적으로 교감을 나눈다는 얘기이다. 아기가 어떤 놀이에 호기심을 보이는지, 어떤 동요에 반응을 보이는지, 어떤 소리를 흥미 있어 하는지, 어떤 그림책을 좋아하는지 여러 가지 다양한 반응을 살피고 그에 따른 대응을 해줘야 한다.

어떤 아기는 물소리를 특히 좋아해서 자꾸 물소리에 관심을 쏟는 경우도 있으며, 아기마다 특별히 애착하는 인형이나 장난감이 있다. 베이비시터는 아기 마음을 읽고 행복해하는 순간을 자주 만들어줘야 한다.

또한 발달 시기에 맞는 장난감이나 놀이를 통해서 아기의 갈증을 풀어줘야 아기 행복지수가 높아진다. 아기가 즐거워서 행복한 얼굴이면 베이비시터의 행복지수는 배가 될 것이다. 아기와 베이비시터의 행복지수는 정비례하는 게 원칙이다.

8. 눈높이에 맞는 육아를 펼쳐라

오래전 미국 오바마 대통령이 백악관 바닥 카펫에 납작 배를 깔고 엎드려서 기어다니는 영아에게 눈을 맞추며 대화하는 사진을 접한 적이 있다. 육아를 하는 엄마나 베이비시터에게 이 사진이 시사하는 바는 매우 크다. 아기와 눈을 맞추고 대화하면 아기는 특별한 대우를 받는 느낌이라고 한다. 아무리 바쁘고 번거로운 일이 있어도 아이와는 같은 눈높이에서 대화하는 습관을 들여라.

아이는 올려다보고 부모나 베이비시터는 내려다보는 대화는 가급적 피해야 한다. 될 수 있는 한 앉거나 무릎을 꿇고 눈을 들여다보며 얘기해야 한다.

부모가 아이를 나무라고 잘못을 꾸중할 때도 마찬가지다. 주 양육자인 베이비시터로서 눈높이의 대화로 소통하는 것은 가장 기본적인 아이와의 소통 방법임을 잊지 말아야 한다. 눈맞춤의 대화는 아이에게 관심과 사랑을 받고 있다는 믿음을 심어준다는 걸 기억해야 한다.

9. 성대에 새를 키우는 언어 마술사가 되어라

베이비시터는 평소 말이 없고 과묵한 성격일지라도 아기와 함께할 땐 수다쟁이가 될 필요가 있다. 당신이 베이비시터로서 자질을 갖춘 사람이라면 아무리 말이 없고 조용한 성격일지라도 아기 앞에서는 자신도 모르게 수다쟁이가 되어가는 걸 알 수 있을 것이다. 좀 더 아이와 친해지다보면 당신의 성대에서 새 한 마리를 키우고 있는 자신을 발견할 것이다.

당신의 성대에 새를 키우면 아이의 성대에서는 꾀꼬리 같은 낭랑한 새가 여러 마리 자라날 것이다. 집 안에는 당신과 아이 둘이서 수많은 새가 지저귀는 소리로 가득할 것이다. 그 소리는 행복이 넘치고 아이가 밝은 성격으로 자라나고 있다는 방증이다.

아이가 새소리를 듣고 싶어 하면 하던 일을 멈추고 눈을 바라보며 새소리를 들려줘라. 아이는 베이비시터가 자신의 눈을 들여다보며 경청해주는 것에 대해 무한한 행복감으로 열심히 지저귈 것이다.

늘 아이와 대화하는 습관을 들여야 한다. 동화책을 구연할 수도 있고, 아이와 역할놀이를 할 수도 있으며, 여러 상황에 따라 당신과 아기의 성대에서 새가 살 수 있는 환경을 만들어줘라. 그 아기는 더없이 행복한 아기가 될 것이며 미래에 큰 인물이 되는 원동력이 될 것이다.

10. 계산하지 마라

아이를 돌보다보면 체력이 고갈되어 힘든 순간도 있다. 그러나 그 순간을 극복하면 그 뒤에 오는 것은 편안함이다. 마음이 힘들면 배로 힘들어진다. 힘든 것은 한 순간이다. 아무리 힘들어도 시간을 재지 마라.

시간에 연연하는 것은 못난 마음이고 부끄러운 마음임을 늘 상기해야 한다. 퇴근시간이 되었다고 칼같이 퇴근 준비를 하는 마음을 버려라. 5분, 10분 늦는다고 큰일 날 것도 없다. 편안하고 여유 있는 마음으로 아기 엄마에게 인계해야 당신의 마음도 편하다. 퇴근 시간이 되었다고 해서 해야 할 일을 마무리하지 않고 도망치듯 퇴근하는 베이비시터는 자격상실이다. 어떤 경우든 모든 상황을 열어 놓고 수용하는 자세를 기본적으로 가져야 한다.

아기 엄마가 사정이 있어 퇴근을 못할 경우에도 부담을 주는 언행은 삼가야 한다. 아기 엄마가 편안하게 퇴근할 수 있게 안심시켜줘야 한다. 제시간에 퇴근을 못 하는 아기 엄마 마음은 오죽하겠는가. 그럴수록 여유 있고 열린 마음으로 대하자.

11. 초심을 잃지 마라

사람은 인생에서 가장 절박했을 때의 마음을 잊지 말아야 한다. 글을 쓰는 사람은 극히 절실하고 절박할 때 글이 가장 잘 써진다. 절박할 때의 마음은 가장 순수한 초심이다. 초심은 삶의 지표이자 힘의 원천이며 원동력이다.

많은 사람이 세월이 지나면 마음이 편안해져 나태해지고 자신의 가치관과 순수함을 잃어버린다. 그리하여 절박했을 때의 마음을 까마득히 잊어버린다. 그 마음을 잃지 않기 위해서는 현실에 안주하지 말고 항상 자신을 점검하고 돌아보며 반성하는 습관을 들여야 한다.

베이비시터에 도전하고 싶었던 계기와 함께 절박했던 순간을 항상 기억하자. 제2의 인생을 시작하기 위해서 어떤 절박한 마음으로 도전하였는지 잊지 말자. 이러한 자세를 항상 유지한다면 베스트 베이비시터의 반열에서 이탈하는 상황은 발생하지 않을 것이다. 늘 도전 당시의 초심을 점검하여 오만해지지 말아야 한다.

12. 아기 엄마의 절실한 마음을 읽어라

아이를 키워본 경험이 없더라도 여성은 기본적으로 모성애가 있다. 그렇기 때문에 아이를 키운 경험과 상관없이 아기를 떼어놓고 일하는 워킹맘의 마음을 헤아릴 수 있다. 아기 엄마가 경제적인 이유로 일을 하든, 일 자체를 즐겨서 하든, 상황이 어떻든 간에 워킹맘은 직장에서 아기를 걱정하고, 보고 싶어 하며, 궁금해한다.

같은 여성으로서 아기 엄마가 안심하고 행복한 직장생활을 할 수 있게 도울 수 있는 방법을 생각해보라. 어떤 서비스가 좋을까, 늘 아기 엄마 입장에서 생각하는 베이비시터가 되길 바란다.

아기와 관련한 문자 메시지나 동영상을 보내주는 것도 좋다. 그걸 본 아기 엄마는 매우 행복해하며 베이비시터에게 고마운 마음을 가질 것이다. 아기 엄마의 마음을 헤아린다면 수시로 아기 엄마의 마음을 어루만져주는 서비스를 아끼지 말아야 한다.

13. 애착형성은 부모의 영역이다

가끔 워킹맘이 이런 이야기를 한다. 자신의 아기가 베이비시터와 너무 애착관계가 잘 형성되어 있어서 엄마인 자신이 베이비시터에게 아기의 애착을 빼앗기는 게 아닌가 걱정이 된다고.

그 마음은 충분히 이해가 간다. 아기를 떼어놓는 워킹맘의 공통된 심정은 아기에게 항상 죄스럽다는 것이다. 아기가 어려서 베이비시터에게 애착형성이 되었더라도 안정된 애착형성이 된 아기는 자라면서 자연스럽게 엄마에게 애착이 옮겨간다.

반면 아기가 안정된 애착을 형성하지 못할 경우라면 베이비시터의 역할이 매우 중요하다. 입주형 베이비시터는 아이가 베이비시터에게 애착형성이 되는 게 자연스러운 현상이다. 다만 엄마가 퇴근하면 아기 엄마와 아기가 애착형성이 되도록 도와야 한다. 또 아기가 낮잠을 너무 길게 자면 일정 시간이 지나 깨워야 한다. 낮잠을 너무 길게 자면 야간수면의 질이 떨어져서 아기 엄마에게 영향을 미칠 수 있다.

그리고 야간에 잠을 못 자면 아기와 엄마의 정서에도 문제가 되고 다음 날 출근하는 엄마의 근무에 영향을 미친다. 이러한 문제점을 헤아리고 낮잠을 시간이 초과되지 않게 조정해주는 게 배려하는 마음이다.

14. 편한 아기만 찾지 마라

베이비시터가 가장 선호하는 아기의 연령대가 있다고 한다. 파트타임으로 근무하는 시터는 하원 후 돌보는 아기, 즉 많이 안아주지 않아도 되는 아기를 선호한다고 한다. 만약 베이비시터로서 아기를 안아주는 게 힘이 들 정도로 약한 체력이라면 베이비시터에 도전해서는 안 된다.

베이비시터는 큰 아기라도 수시로 안아주고 스킨십을 할 수 있는 체력을 기본적으로 갖추고 있어야 한다. 어떤 아기도 볼 수 있다는 마음 자세가 되어야 아기를 사랑할 수 있다. 시간제이든 종일제이든 입주형이든 기본 체력이 있다면 어떤 연령대의 아기도 돌볼 수 있다는 자세가 바로 베이비시터의 기본 마인드이다.

주 양육자가 될 준비가 되어 있다면 가급적 어린 아기를 선택하라고 추천한다. 개월 수가 적은 아기를 만나 초등학교 입학할 때까지 함께한다는 장기 계획을 세워보라. 어차피 아기는 발달과정에 따라 자라게 되어 있다. 작은 아기 때부터 애착관계를 형성하며 자라나는 과정을 같이한다는 건 베이비시터로서 보람과 성취감을 얻을 수 있다.

베이비시터로서 편하게 근무할 생각으로 조건을 따진다면 크게 잘못된 생각임을 명심해야 한다.

15. 메모를 습관화하라

베이비시터의 기본 업무 중 중요한 부분이 메모, 즉 업무일지 작성이다. 베이비시터가 출근하자마자 가장 먼저 시작하는 게 메모다. 우선 아기 엄마가 출근 전에 전하는 사항을 메모해야 한다.

밤 동안의 수유시간, 배변, 수면시간, 건강상태, 특별한 이벤트 등 모든 걸 인수받고 하루일과를 시작한다. 이렇게 시작한 후에는 스스로 판단해 메모할 일이 있으면 기록해야 한다.

이따가 해야지 하고 미루면 깜빡할 수 있어서 중요한 내용을 놓칠 수 있다. 아기와 관련한 메모는 육아 일기와 같은 역할을 하므로 매우 중요하다. 또 워킹맘은 아기의 상태를 시터의 메모를 통해 알 수 있기 때문에 수유시간과 수유량, 배변 횟수나 상태, 낮잠 횟수와 시간, 놀이의 종류와 아기 건강상태, 발달상태의 특별한 점 등등을 자세히 기록해두어야 한다.

아기는 엄마가 출근하여 퇴근할 때까지 온전히 시터와 함께한다. 그러므로 세세한 메모를 남겨서 전달하면 아기 엄마는 아주 중요한 육아 기준으로 삼을 것이다. 베이비시터와 아기 엄마 그리고 아기에게 도움이 되는 메모 습관을 생활화하자.

16. 업무 한계는 철저히 구분하되 서비스는 덤이다

업무를 직거래로 할 경우에는 업무 계약서를 작성한다. 반면 업체에 소속되어 파견근무를 하게 되면 업체에서 고객에게 업무 기준과 가이드라인을 사전에 고지한다. 베이비시터는 아기와 관련한 업무가 전부다. 가끔 가사를 돕는 조건으로 베이비시터를 채용한 경우라면 아기 케어와 한정적인 가사까지도 포함할 수 있다.

그러나 대부분 아기만을 돌보는 베이비시터를 구인하는 엄마가 대다수다.

특히 한시도 눈을 뗄 수 없을 정도로 활동량이 많은 아기는 돌보는 것만으로도 벅찰 수 있다. 아기에게 매이다보면 해야 할 일마저도 못하고 미루는 상황이 될 수도 있다. 미처 못한 일은 아기가 낮잠을 자는 시간을 이용한다.

어느 맘카페에 아기가 낮잠을 잘 때 옆에서 같이 낮잠을 잔다는 베이비시터의 자세를 지적하는 글이 올라온 적이 있다. 이 베이비시터는 기본적인 마음가짐이 결여되어 있다. 시터로서 절대 해서는 안 되는 행동으로 자질이 없다.

아기가 낮잠 자는 시간에는 하지 못한 일을 마저 마쳐야 하며, 시간이 나면 잠깐 쉬면서 차 한 잔 하는 정도는 허용이 된다. 그래도 시간이 된다면 아기 엄마의 일을 가능한 범위 내에서 도와줄 수 있는 넓은 마음을 가져보라. 친정엄마, 언니의 입장에서 생각하면 얼마든지 기꺼이 도움을 줄 수 있을 것이다.

즐거운 마음, 베풀 수 있는 마음, 그런 마음은 오히려 자신을 행복하게 만들어준다. 늘 아기 엄마의 입장에서 한 번 더 생각하자. 그런 마음이면 덤으로 도와주고 싶은 마음이 기꺼이 솟아날 것이다.

17. 늘 공부하라

육아에도 시대에 따른 트렌드가 있다. 예전과 달리 요즘 육아는 트렌드가 스피드하게 바뀐다. 영유아에 대한 높은 교육열에 비례해서 장난감, 책, 영유아용품, 의류, 미디어 등등 각종 영유아 관련 브랜드 광고들이 홍수를 이룬다. 동영상이나 인기 프로그램에 나오는 다양한 콘텐츠들 때문에 잠시만 쉬어도 아이들 눈높이에 뒤처지는 부모나 시터가 된다.

현재 가장 핫한 캐릭터가 무엇인지 연구해서 관심을 가져주면 아이들과 좀 더 원활하게 의사소통할 수 있을 것이다. 수시로 유튜브나 유아 관련 서적과 자료 등을 참고해서 아이들이 흥미를 갖고 좋아하는 키즈 콘텐츠를 공부하는 습관을 들여야 한다. 이렇게 공부하면 아이는 항상 베이비시터를 기대감을 가지고 기다릴 것이다. 유튜브로 배운 내용을 가지고 아이와 함께하는 시간을 가져보라.

아이의 표정이 어떨까. 아이가 제일 좋아하는 핫한 노래를 척척 불러보라. 처음에는 호기심에 할머니를 쳐다보겠지만, 곧바로 할머니와 어울려 신나게 함께 노래를 부르는 아이를 볼 것이다. 아이의 신바람 나는 모습을 기대하며 시간만 나면 공부하는 습관을 길러야 한다. 그러면 분명 최고의 베이비시터가 되어 있을 것이다.

18. 개인사가 복잡하다면 휴식을 취하라

살다 보면 마음먹은 대로, 계획한 대로 안 되는 게 인생이다. 가끔은 전혀 예상하지 못한 일이 터질 수도 있고, 계획한 방향대로 흘러가지 못할 때도 있다. 아기는 순수하고 민감한 정서를 가지고 있다. 그러므로 아기 엄마가 행복하면 아기도 행복하고, 베이비시터가 행복하면 아기도 행복하다.

즉, 아기는 모든 감정과 느낌과 에너지를 그대로 받아들여 영향을 받는다. 베이비시터가 정서적으로 우울하고 불안하면 아기도 똑같은 감정을 느낀다. 자신이 개인적으로 해결할 수 없는 어려운 일이나 힘든 일에 처해서 장기적으로 헤어나올 수 없다고 판단된다면 아기를 위해서 쉬어야 하는 게 맞다. 또 자신을 믿고 양육자 자리를 내어준 아기 엄마에게도 빨리 얘기하는 게 바람직하다. 안타까운 일이지만 새로운 베이비시터를 찾을 수 있게 빨리 알려야 한다.

개인사가 해결되면 다시 본연의 업무를 찾으면 된다. 기회는 얼마든지 주어진다. 자신의 감정은 자신이 잘 안다. 아기와 아기 엄마에게 피해가 가지 않게 미리 알리는 게 현명한 자세다.

19. 지켜야 할 선을 구분하라

남녀관계나 인간관계에서 제일 조심해야 할 부분이 남과 비교하는 일이다. 특히 베이비시터를 인터뷰하는데 전에 근무한 집은 교수집, 의사집, 변호사집, 어마어마한 부잣집, 유명한 회사 사장집이라고 운운하면 이 베이비시터는 자질과 자격이 없다.

이런 인터뷰 내용이 맘카페에 종종 올라온다. 베이비시터는 전에 근무했던 고객 정보를 함부로 유출해서는 안 되는 게 철칙이다. 또 고객의 사생활에 대해서 알려고도 또 알 필요도 없다는 자세를 가져야 한다. 이 영역은 베이비시터로서 꼭 지켜야 할 선이고 침범해서는 안 될 금기 사항이다.

또 아기 엄마 나이가 어리다고 반말을 한다거나 가르치려 들지 말아야 한다. 즉, 아기 엄마의 자존감을 최대한 살려줘야 한다. 혹시라도 꼭 조언하고 싶은 점이 있다면 기분 상하지 않게 지혜롭게 접근해야 한다. 오래 함께하다 보면 가까운 사이가 될 수 있다. 그러나 항상 지켜야 할 선과 예의는 잊지 말아야 한다. 인간관계에서 예의는 기본이다.

20. CCTV에 신경 쓰지 마라. 안전이 최우선이다

왜 CCTV가 신경이 쓰이는가. 전혀 고려할 사항이 아니다. 자신이 당당하면 CCTV는 무의미하다. CCTV는 현시대의 트렌드이고 생활의 한 방편이다. 감시당한다는 느낌은 일차원적인 초등학교 저학년 수준의 사고가 아닐까. 당신은 프로다. 에이스 프로라고 늘 최면을 걸면 에이스 베이비시터가 된다.

베이비시터에 도전하기로 했던 당당한 마인드를 잃지 말아야 한다. 또 아무리 아기를 사랑하고, 온갖 정성을 다해서 아기를 돌보았더라도 아기에게 안전사고가 생긴다면 모든 노력과 정성은 한순간에 물거품처럼 사라진다.

항상 아기에게서 눈을 떼어서는 안 된다. 안전은 아기를 돌볼 때 최우선 사항이다. 안전은 아무리 강조해도 지나치지 않음을 인식해야 한다. 첫째도 둘째도 그리고 셋째도 안전이다. 새롭게 베이비시터의 삶을 꿈꾸며 도전하는 모든 이를 응원한다. 그리고 현직에 있는 베이비시터와 아기의 행복을 소망하며 현장에서 목표를 향해 열심히 뛰고 있는 워킹맘의 꿈이 실현되길 응원한다.

"걱정하지 말아요.
당신의 아기는 충분히 사랑을 받고 있어요!"

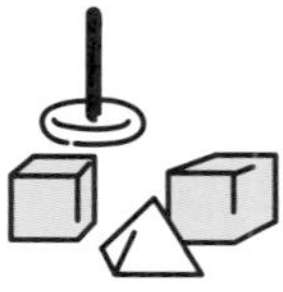

북큐레이션 • 내 아이를 사랑으로 키우고 싶은 부모들을 위한 책

《베이비시터 걱정은 그만》과 함께 읽으면 좋은 책. 부모가 이해와 공감으로 아이에게 사랑을 줄 때 가장 건강한 가정을 만들 수 있습니다.

오늘부터 워킹맘

백서연 지음 | 14,500원

경력 단절을 극복하고 성공적으로
리스타트하고 싶은 여성들을 위한 지침서

한때는 이름만 대면 모두가 알 만한 좋은 직장에 다녔다. 열심히 경력을 쌓으며 승진을 꿈꾸고 이직도 계획했다. 그런데 결혼과 동시에 임신, 출산, 육아라는 '변화 3종 세트'가 닥쳤다. 아이를 키운 후 사회에 재진입하기는 하늘의 별따기만큼 어려웠다. 하지만 저자는 일이 주는 행복과 성취감을 포기할 수 없어 워킹맘에 도전했다. 그리고 지금은 많은 여성에게 다시 사회로 나오라고 독려하는 잡 메이킹 코치이자 커리어 멘토, 라이프 코치로 활발히 활동 중이다. 현실의 벽에 부딪힌 경력 단절 여성에게는 용기를 주고, 일과 육아를 병행하며 고군분투하고 있는 여성들에게는 힘찬 응원의 메시지를 전달해줄 것이다.

육아비적성

한선유 지음 | 13,800원

육아 DNA가 실종된 곰손 엄마의
좌충우돌 육아 비적성 고백기

17년차 베테랑 초등교사가 임산과 출산, 육아를 거치며 자신이 이 일에 적성이 아님을, 완전한 아마추어이자 앞으로도 프로페셔널이 될 일은 없을 것임을 실감하는 처절한 체험기이자 육아 비적성인 세상의 많은 엄마들에게 음지에서 자책감에 떨지 말고 양지로 나와 당당히 육아 비적성을 외치자고 독려하는 응원의 메시지다. 육아가 비적성인 사람들이여, 못한다고 자책 말자. 못하는 게 아니라 적성에 안 맞는 것뿐이니. 엄마가 힘들면 아빠가 하면 되고, 그것도 힘들면 원장님이 하면 된다. 무엇을 선택하든 옳은 선택이다.